DEATH NOTE

CETTE ŒUVRE EST UNE FICTION.
TOUTE RESSEMBLANCE AVEC DES ÉVÉNEMENTS ET/OU DES
PERSONNAGES EXISTANTS SERAIT PUREMENT FORTUITE.

DÉCONSEILLÉ AU MOINS DE 12 ANS.

"Ceux dont le nom est écrit dans ce cahier meurent..." C'est Light Yagami, un brillant lycéen, qui a ramassé le death note que le dieu de la Mort Ryük a laissé tomber. Il décide de l'utiliser pour construire la société idéale selon lui, en mettant au pas les criminels. Il agit sous le nom de Kira. L est le nom de celui qui essaie d'arrêter Kira. Une guerre de cerveaux s'engage entre les deux garçons... Light, qui finit par tuer L, pense que ses problèmes sont terminés.

Quatre ans plus tard, Light, qui est devenu le "deuxième L" et qui continue d'agir en tant que Kira, approche du monde idéal dont il rêve. Mais aux États-Unis, les deux protégés de L sont entrés en action et veulent l'arrêter. Tous deux sont au courant de l'existence du carnet. Ils vont dès lors se battre pour l'obtenir, ce qui constitue selon eux le meilleur moyen de mettre la main sur Kira. Grâce à d'habiles manœuvres, Near réussit à acquérir le cahier et découvre par l'intermédiaire de son propriétaire d'origine, le dieu de la Mort Sidoh, que la règle des 13 jours est fausse. Par ailleurs, en échangeant des informations avec Near, Light apprend que Near et Mello sont tous deux les successeurs de L. Light envoie un commando attaquer le repaire de Mello afin de lui reprendre le cahier, mais l'opération est un échec. Light imagine donc un autre plan. En agissant sous le nom de Kira, il envoie son propre cahier au bureau d'enquête japonais afin que quelqu'un de l'équipe procède à l'échange de l'œil avant de lancer une nouvelle attaque contre la base de Mello. Mais Light n'avait pas prévu que son père ferait l'échange de l'œil. Grâce à cet échange, les membres du bureau d'enquête réussissent à s'introduire dans la base de Mello et à reprendre le cahier. Ils apprennent même le véritable nom de Mello, mais le père de Light meurt. Après une série d'incidents, les États-Unis décident de ne plus s'opposer à Kira, mais Mello, alarmé par ce revirement, entre en contact avec Near pour échanger des informations avec lui. En découvrant que la règle des 13 jours est fausse, Near se met à soupçonner le nouveau L d'être Kira et sème le doute dans le bureau d'enquête japonais. D'autre part, Mello contacte Mogi et l'envoie au quartier général du S.P.K. Light, flairant le danger, transmet des ordres aux partisans de Kira qui assiègent l'endroit !

TU PEUX PARLER, KIRA !

NEAR, DE TOUTE FAÇON, VOUS DEVEZ VOUS ENFUIR.

IL Y A D'AUTRES ORGANISATIONS À L'ÉTRANGER QUI ESSAIENT D'ATTRAPER KIRA. J'AI DU MAL À CROIRE QU'IL S'AGISSE D'UNE COINCIDENCE ! VOUS ÊTES KIRA.

TOUT CECI S'EST PRODUIT APRÈS L'ARRIVÉE DE M. MOGI. TRÈS PEU DE GENS SAVAIENT QU'IL VENAIT ICI.

C... COMMENT ? VOUS RECOMMENCEZ AVEC CETTE HISTOIRE ? SI VOUS N'AGISSEZ PAS RAPIDEMENT, MOGI QUI SE TROUVE AVEC VOUS SE FERA TUER AUSSI ! VOUS DEVEZ VOUS ENFUIR...

ET PUIS, UNE FOIS QUE NOUS SERONS MORTS, VOUS COMPTEZ TUER TOUS LES AUTRES MEMBRES DU BUREAU D'ENQUÊTE JAPONAIS. N'EST-CE PAS ?

VOUS AVEZ ORGANISÉ CECI DANS L'ESPOIR DE TUER TOUS LES MEMBRES DU S.P.K. ET MOGI.

...

KIRA SE TROUVE SÛREMENT PARMI LES MEMBRES DE VOTRE BUREAU ! RÉFLÉCHISSEZ-Y !

VOYONS, NE TE METS PAS DANS CET ÉTAT !

COMMENT ASSEZ PLAISANTE CE QUE VOUS AFFIRMEZ EST FAUX, NEAR !

ENSUITE, COMME TU LE DISAIS, JE TUERAI TOUS LES MEMBRES DU BUREAU D'ENQUÊTE ET JE REMPORTERAI LA VICTOIRE.

NEAR, TU PEUX DIRE CE QUE TU VEUX, MAIS QUAND LA FOULE VOUS TRAÎNERA DEHORS, KIRA TE TUERA.

SI LIGHT NOUS DEMANDE DE NE PAS PARLER DU PASSÉ ET DE NE PAS RÉVÉLER L'IDENTITÉ DU NOUVEAU L, C'EST QUE... NON ! DÉJÀ DU TEMPS DU PREMIER L, IL AVAIT ÉTÉ DÉCIDÉ DE NE PAS RÉVÉLER CES INFORMATIONS. IL N'Y A RIEN D'ÉTONNANT À NE PAS DÉVOILER L'IDENTITÉ DE L, PUISQUE NOUS ENQUÊTONS SUR KIRA...

SI LIGHT EST VRAIMENT KIRA... NON... CE N'EST PAS POSSIBLE... JE NE DOIS PAS GOBER CE QUE RACONTENT NEAR ET MELLO... MAIS IL EST VRAI QUE LE PREMIER L SOUPÇONNAIT LIGHT AUSSI...

QUOI ? C'EST À NOUS D'ENTRER LES PREMIERS !

CRÉTINS ! LE PREMIER GROUPE, C'EST NOUS !

LE PREMIER GROUPE ! CASSEZ LA PORTE D'ENTRÉE ET PÉNÉTREZ À L'INTÉRIEUR ! LE DEUXIÈME GROUPE ATTENDRA QUE 20 PERSONNES DU PREMIER GROUPE SOIENT À L'INTÉRIEUR POUR ENTRER !

?

CES GENS SONT VRAIMENT IDIOTS...

NEAR... IL FAUT FAIRE VITE...

TOUS LES GENS QUI SONT DÉCHAÎNÉS À L'EXTÉRIEUR SONT DIFFÉRENTS... CE SONT DES BRUTES ÉPAISSES.

JE NE SUIS PAS SURPRIS QUE DES GENS SOUTIENNENT KIRA, MAIS EUX, ILS ESPÈRENT QUE KIRA PUNIRA TOUS LES MALFAITEURS.

... ET IL Y EN A MÊME PARMI EUX QUI SONT OPPOSÉS À KIRA...

... SOIT CE SONT DES FOUS QUI VEULENT UNIQUEMENT PROFITER DE L'OCCASION POUR METTRE LA PAGAILLE...

... SOIT CE SONT DES GENS QUI N'AURAIENT JAMAIS AGI PAR EUX-MÊMES MAIS QUI SE SONT LAISSÉ ENTRAÎNER DANS CETTE HISTOIRE PAR LES ADORATEURS DE KIRA...

SOIT CE SONT DES GENS QUI DEVIENNENT EUX-MÊMES DES TUEURS, MASSACRANT TOUT LE MONDE SANS DISCERNEMENT, ALLANT À L'ENCONTRE DES IDÉAUX DE KIRA QU'ILS RÊVÈRENT...

ALORS, NOUS ALLONS METTRE LEUR ÉGOÏSME À PROFIT ET NOUS SERVIR DE L'HÉRITAGE DE L AINSI QUE DES OPPOSANTS À KIRA QUE NOUS AVONS ENGAGÉS.

OUI, MAIS...

AU CONTRAIRE ! AU DÉPART, LES PARTISANS DE KIRA ÉTAIENT DES SPECTATEURS ; ILS N'AURAIENT PAS PRIS LE RISQUE DE SE FAIRE BLESSER. CEUX QUI SACCAGENT TOUT EN BAS NE PENSENT QU'À SE DÉFOULER ET ILS SONT LÀ PAR INTÉRÊT PERSONNEL. VOUS ÊTES D'ACCORD AVEC MOI ?

NEAR, LE MOMENT EST MAL CHOISI POUR ANALYSER LA PSYCHOLOGIE DE NOS ATTAQUANTS.

FLAP

EUH...?

APPLIQUONS-LE. JE PENSE QUE TOUT EST PRÊT. ÇA VA ÊTRE AMUSANT !

MAIS... CE PLAN NE POURRA ÊTRE APPLIQUÉ QU'UNE FOIS...

MAIS DU MOMENT QUE YAGAMI GARDE LA TÊTE FROIDE...

RAAH !! ILS VEULENT DÉTOURNER L'ATTENTION DE LA FOULE AVEC CET ARGENT ET PROFITER DE LA MÊLÉE POUR S'ENFUIR !

WAAAH !!

HÉ ! J'AI VU CETTE LIASSE LE PREMIER !

WAAH !

DÉCONNE PAS !

POUSSE-TOI !

YAGAMI ! QU'EST-CE QUE TU FICHES ? TU DOIS MAITRISER LA FOULE... IL NE FAUT PAS QUE NEAR ÉCHAPPE !

MA-MATSUDA !

GÉNIAL ! J'Y VAIS AUSSI !!AH... C'EST VRAI QUE JE SUIS À LOS ANGELES ET QUE ÇA SE PASSE À NEW YORK...

PILOTE ! APPROCHEZ-VOUS DE L'ENDROIT D'OÙ SORT CET ARGENT !

FLAP FLAP

V'LAM

V'LAM

V'LAM

WAAH !! 7

WAAH !!

WAAH !! 7

MERDE...

Bip

MELLO, NOUS ALLONS NOUS ENFUIR. JE VAIS ÉTEINDRE L TÉLÉPHON PORTABLE DE M. MOG

LES HUMAINS SONT TORDANTS ! ENFIN, SI JE PENSE À TOUTES LES POMMES QU'ILS PEUVENT S'ACHETER AVEC CET ARGENT, JE LES COMPRENDS UN PEU.

ICI NEW YORK. LES BILLETS QUI PLEUVENT SUR LOW MANHATTAN PROVOQUENT LE CHAOS !

IL Y A TROP DE MONDE... MAIS SI J'ARRIVE À LOCALISER MOGI GRÂCE AUX CAMÉRAS DE SURVEILLANCE D'AIZAWA ET D'IDE, JE POURRAI LE SUIVRE...

COMMANDANT RESTER, QUE TOUS LES HOMMES METTENT LEUR TENUE DE PROTECTION, ET DITES-LEUR QU'ILS VONT RECEVOIR UNE RÉCOMPENSE ENCORE PLUS IMPORTANTE QUE L'ARGENT QU'ILS VOIENT TOMBER EN CE MOMENT... IL VAUT MIEUX QU'ILS SOIENT COMPLÈTEMENT ÉBLOUIS PAR LA PERSPECTIVE DE LEUR RÉCOMPENSE.

ALLONS-Y ! NOUS N'AURONS PAS DE PROBLÈME POUR PASSER DIRECTEMENT PAR L'ENTRÉE MAINTENANT.

NOUS N'AURONS QU'À GLISSER LE PORTABLE DE M. MOGI DANS LA POCHE DE QUELQU'UN À L'EXTÉRIEUR.

L'ARGENT N'ACHÈTERA JAMAIS LA PAIX ET L'AMOUR !

QU'EST-CE QUE TU FICHES, DÈME-CHAN ?! TU AS PROMIS DE POINTER TES CAMÉRAS VERS LE TOIT ET L'ENTRÉE, MAIS TU NE FILMES QUE L'ENDROIT D'OÙ SORT L'ARGENT !

MISA NE PENSERA JAMAIS À ORDONNER À LA FOULE DE RETENIR LA POLICE... ET MÊME SI ELLE Y PENSE, VU L'ÉTAT DANS LEQUEL SE TROUVE DÈMEGAWA...

JE NE M'ATTENDAIS PAS À CELA... ILS VONT SORTIR, DÉGUISÉS EN POLICIERS... ET SI JE DIS À AIZAW. ET À IDE D'ARRÊTER TOUS LES POLICIERS QU'ILS VOIENT, ÇA REVIENDRA À AVOUER QUE JE SUIS KIRA...

JE VEUX QUE VOUS SURVEILLIEZ LES POLICIERS, EN PARTICULIER CEUX QUI FONT MINE DE S'ÉLOIGNER DES LIEUX, ET QUE VOUS LES SUIVIEZ.

JE NE PEUX RIEN ORDONNER DE PLUS POUR LE MOMENT.

AIZAWA ! IDE ! IL EST POSSIBLE QUE MOGI ET LES AUTRES PRENNENT LA FUITE DÉGUISÉS EN POLICIERS ! DANS CE CAS, NOUS NE SAURONS PLUS OÙ SE TROUVE MOGI !

ÇA FAIT COMBIEN DE POMMES, TOUT ÇA ?

IL DOIT Y EN AVOIR POUR 1 MILLION DE DOLLARS.

C'EST VRAI... DU MOMENT QUE MOGI EST SAUVE, C'EST DÉJÀ BIEN.

L... C'EST IMPOSSIBLE ! IL Y A BIEN 50... NON, 100 POLICIERS ! NOUS NE POUVONS LES SURVEILLER TOUS !

MERDE !!

AU MOINS AINSI, MOGI NE RISQUE PAS DE SE FAIRE TUER PAR KIRA ! ON PEUT DÉJÀ ÊTRE CONTENTS !

OH !
Y EN A
MÊME
UN
ICI !

WAAH !

WAAH !

OUI, ÇA DEVRAIT ÊTRE POSSIBLE DANS 2 OU 3 JOURS.

GEVANNI, PENSEZ-VOUS POUVOIR RÉTABLIR LA LIAISON AVEC WATARI... OU L ?

LE LENDE-MAIN...

OUI. ON LUI A SÛREMENT INTERDIT DE SORTIR.

SI NOUS SOMMES TROP LONGTEMPS SANS NOUVELLES DE MOGI, CE SERA NÉAR LE KIDNAPPEUR, CETTE FOIS.

ALORS, NOUS NE POUVONS PLUS SAVOIR OÙ SE TROUVE MOGI DÉSORMAIS.

L... QUELQU'UN QUI N'A RIEN À VOIR AVEC CETTE AFFAIRE A RETROUVÉ LE PORTABLE DE MOGI DANS SA POCHE PENDANT LA PAGAILLE D'HIER.

MAIS, SI JE TUE TOUS CEUX QUI SE TROUVENT ICI AINSI QUE MOGI, NEAR AURA LA PREUVE DONT IL A BESOIN...

DOIS-JE TUER MOGI ? DE TOUTE FAÇON, LES DERNIERS ÉVÉNEMENTS ONT DONNÉ À NEAR LA CERTITUDE QUE L EST KIRA... MÊME S'IL NE DISPOSE PAS DE PREUVES.

JE NE PENSE PAS QUE MOGI LEUR DIRA QUI EST L, NI QU'IL LEUR PARLERA DE L'ENFERMEMENT AUQUEL L NOUS A CONTRAINTS JADIS, MISA ET MOI... MAIS JE NE PEUX EN ÊTRE SÛR.

MAIS MOGI N'EST PAS LE SEUL QUI SOIT SUSCEPTIBLE DE PARLER...

IL NE FAUT PAS SOUS-ESTIMER NEAR. NON, IL EST DÉCIDÉMENT TROP DANGEREUX DE TUER LES MEMBRES DU BUREAU D'ENQUÊTE...

ET PUIS, SI MOGI N'A ENCORE RIEN DIT, LE RAISONNEMENT DE NEAR S'ARRÊTE AU STADE "L = KIRA" PAR CONTRE, SI MOGI RÉVÈLE QUE JE SUIS L, NEAR EN CONCLURA QUE "LIGHT YAGAMI = KIRA".

S'ILS ONT RAISON, ALORS...

LE PREMIER L ET NEAR...

SI LA RÈGLE ÉNONÇANT QUE CELUI QUI N'A PAS ÉCRIT DE NOM DANS LE CAHIER APRÈS 13 JOURS MEURT EST FAUSSE, L'ENFERMEMENT DE LIGHT NE CONSTITUE PAS UNE PREUVE DE SON INNOCENCE. ENFIN, C'EST CE QU'A DIT MELLO...

L'ENFERMEMENT DE MISA AMANE ET DE LIGHT...

...

HIGUCHI A PERPÉTRÉ CES MEURTRES, C'EST ÉVIDENT. MAIS SI HIGUCHI SAVAIT QU'IL DEVAIT COMMETTRE CES MEURTRES EN SE FAISANT PASSER POUR KIRA ET S'IL SAVAIT QUE LA RÈGLE DES 13 JOURS ÉTAIT FAUSSE...

APRÈS LE DÉBUT DE LA CAPTIVITÉ DE LIGHT, KIRA A CESSÉ SES ACTIVITÉS PENDANT QUELQUES JOURS, POUR LES REPRENDRE ENSUITE...

MAIS DANS LE CAS OÙ LIGHT EST BIEN KIRA, SI JE SUGGÈRE D'ENQUÊTER DE NOUVEAU SUR LUI, JE ME FERAI TUER. D'AILLEURS, QU'EN PENSENT LES AUTRES...?

JE DEVRAIS RÉEXAMINER TOUT ÇA.

JE DEVRAI FAIRE MES RECHERCHES SEUL... ET SANS QUE LES AUTRES LE REMARQUENT. ENFIN, JE PEUX PEUT-ÊTRE EN PARLER À IDE...

MATSUDA NE PENSE PAS... ET MOGI...

IDE NE TRAVAILLAIT PAS ENCORE AVEC NOUS PENDANT L'ENFERMEMENT DE LIGHT. IL NE DOUTE DONC SÛREMENT PAS DE LUI.

DÈS QUE NOTRE CONNEXION AU RÉSEAU SERA RÉTABLIE, NEAR NOUS CONTACTERA CERTAINEMENT. DANS LE CAS CONTRAIRE, NOUS NE POURRONS PLUS LUI FAIRE CONFIANCE.

JE PENSE QUE NOUS NE DEVONS PAS NOUS FAIRE DU SOUCI À PROPOS DE MOGI.

JE PENSE QUE C'EST ASSEZ DANGEREUX, MAIS NOUS ALLONS ESSAYER DE METTRE LA MAIN SUR DEMEGAWA ET TENTER DE RETROUVER KIRA PAR CE MOYEN.

JE VOIS...

APRÈS L'INCIDENT D'AUJOURD'HUI, NOUS POUVONS VRAIMENT CONSIDÉRER QUE KIRA A DES CONTACTS AVEC DEMEGAWA.

TOUT LE MONDE CRIERA QUE KIRA EST UN CRIMINEL ET QU'IL INCARNE LE MAL !

SI NOUS ÉPINGLONS KIRA ET QUE NOUS FOURNISSONS DES PREUVES DE SES MAUVAISES INTENTIONS, LE MONDE, LES GOUVERNEMENTS ET LES CITOYENS CHANGERONT D'AVIS.

NOUS DEVONS CAPTURER KIRA AVANT QUE LE MONDE ENTIER NE S'INCLINE DEVANT LUI.

C'EST VRAI ! CAPTURONS KIRA ! C'EST LA MEILLEURE SOLUTION !

TELLE EST LA NATURE HUMAINE... TOUT LE MONDE A CHANGÉ D'ATTITUDE QUAND LES ÉTATS-UNIS ONT ANNONCÉ QU'ILS NE S'OPPOSERAIENT PLUS À KIRA.

JE NE PEUX PAS CROIRE QU'IL SOIT KIRA...

NON... LE LIGHT QUE JE CONNAIS NE PEUT PAS ÊTRE KIRA...

S'IL N'EST PAS MANIPULÉ PAR KIRA, C'EST QUELQU'UN D'IMPRESSIONNANT !

NEAR, CELA NE SERT À RIEN. MOGI S'OBSTINE DANS SON SILENCE.

SI M. MOGI NE NOUS DIT RIEN, NOUS ALLONS ÊTRE OBLIGÉS DE NOUS EN PRENDRE À D'AUTRES MEMBRES DE LEUR ÉQUIPE.

J'IGNORE COMBIEN ILS SONT, MAIS NOUS DEVONS TOUT FAIRE POUR EN INCITER UN À RALLIER NOTRE CAMP.

APRÈS TOUT CE QUE J'AI DIT ET LES ÉVÈNEMENTS QUI SE SONT PRODUITS, IL EST IMPOSSIBLE QU'AUCUN D'ENTRE EUX N'AIT DES SOUPÇONS À L'ÉGARD DU SECOND L. SINON, LEUR NIVEAU INTELLECTUEL EST INFÉRIEUR À CELUI D'UN ENFANT DE MATERNELLE !

DEATH NOTE
How to use it
LIII

- The DEATH NOTE will not take effect if you write a specific victim's name using several different pages.

  Le death note n'a aucun effet si l'on écrit le même nom sur plusieurs pages.

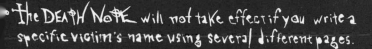

- But the ffont and back of a page is considered as one page. For example, the DEATH NOTE will still take effect even if you write the victim's surname on the front page and given name on the back.

  Les deux côtés d'une page sont considérés comme une même page. Ainsi, le carnet entrera en action si l'on inscrit le nom de famille d'une victime sur la face d'une page et son prénom sur l'autre.

SI M. MOGI NE NOUS DIT RIEN, NOUS SERONS BIEN OBLIGÉS DE POUSSER UN AUTRE MEMBRE DU BUREAU D'ENQUÊTE À PARLER.

JE NE PENSE PAS QUE MOGI LEUR DIRA QUI IL EST, NI QU'IL LEUR PARLERA DE L'ENFERMEMENT AUQUEL NOUS A CONTRAINTS JADIS, MISA ET MOI...

PAGE 81. AVERTISSEMENT

MAIS MAINTENANT, LE BUREAU D'ENQUÊTE VA FAIRE DES RECHERCHES SUR DEMEGAWA, CE QUI ME PERMETTRA D'AGIR...

ÇA VA ÊTRE PLUTÔT DIFFICILE DE L'ATTRAPER ET DE LE FAIRE PARLER DE KIRA DANS CES CONDITIONS !

JE POURRAI SÛREMENT ME SERVIR DE L'UN D'EUX...

DEMEGAWA EST PROTÉGÉ PAR DES CENTAINES... ET MÊME PARFOIS PAR DES MILLIERS D'ADORATEURS DE KIRA QUAND IL EST CHEZ LUI ET À LA STATION TV OU QUAND IL SE DÉPLACE.

J'ENVISAGE DEPUIS QUELQUE TEMPS DE TROUVER UN REMPLAÇANT POUR MISA QUAND CELLE-CI DISPARAÎTRA OU QUAND JE SERAI OBLIGÉ DE LA FAIRE DISPARAÎTRE. IL M'ÉTAIT DIFFICILE DE TROUVER UN MOYEN DE LE FAIRE AVANT, MAIS MAINTENANT QUE LE MONDE SE MET À RECONNAÎTRE KIRA...

DE PLUS, NEAR ME SOUPÇONNE FORTEMENT... JE N'AI PAS DE TEMPS À PERDRE ! JE DOIS TROUVER QUELQU'UN LE PLUS VITE POSSIBLE...

28

33	=== === ===
34	TERU MIKAMI
35	=== === ===

KATCHAK

J'AI DEMANDÉ À DEMEGAWA DE TRANSMETTRE À MISA LES QUESTIONNAIRES ET LES INFORMATIONS PERSONNELLES...

KATCHAK

KATCHAK

QUESTIONNAIRE POUR
LES SPECTATEURS DU "ROYAUME DE KIRA"

Souhaitez-vous participer à la prochaine édition du "Royaume de Kira"?

(Oui) Non

Nom : *Teru Mikami*

Sexe : (H) F

Date de naissance : *07/06/1982*   Âge : *27 ans*

Adresse : *Kyoto-fu, Kyoto-shi, Sakyo-ku, Yoshidashinmachi 1 - 444 - 1 - 1012*

Profession : *Procureur*

Études universitaires : *Université Kyôdo, faculté de droit*

Centres d'intérêt / Aptitudes particulières :

Qualifications :

Une personne que vous respectez : *Winston Leonard Spencer Churchill*

But de votre participation à l'émission :

Que pensez-vous de M. Demegawa ?

Que pensez-vous de Kira ? *C'est Dieu.*

Dites-nous ce que vous pensez de la société que Kira veut construire :

Que pensez-vous de l'émission et qu'en attendez-vous ?

NOUS DEVONS ATTENDRE QUE NEAR NOUS APPELLE POUR SAVOIR CE QU'EST DEVENU MOGI... NOUS N'AVONS AUCUN INDICE POUVANT NOUS MENER À MELLO, ET IL NOUS EST IMPOSSIBLE D'EN OBTENIR. QU'EST-CE QU'ON FAIT, ON RETOURNE À LOS ANGELES ?

TU M'ÉCOUTES, AIZAWA ?

HM ?

JE DISAIS QUE NOUS NE TROUVERIONS SANS DOUTE PLUS RIEN À NEW YORK ET JE TE PROPOSAIS DE RENTRER À LOS ANGELES.

NON, JE VOUDRAIS ENCORE RESTER UN PEU ICI POUR RÉFLÉCHIR À QUELQUE CHOSE...

RÉFLÉ-CHIR ?

LIGHT YAGAMI SERAIT-IL VRAIMENT KIRA ? NON, LIGHT ÉTAIT TOUT LE TEMPS AVEC MATSUDA... JE NE VOIS PAS COMMENT IL AURAIT PU TROUVER UN MOMENT POUR APPELER DEMEGAWA... MAIS VU QUE C'ÉTAIT MATSUDA QUI ÉTAIT AVEC LUI, PEUT-ÊTRE QUE...

LES SEULES PERSONNES QUI SAVAIENT QUE MOGI ALLAIT AU Q.G. DU S.P.K. ÉTAIENT LES MEMBRES DE NOTRE ÉQUIPE, MELLO ET NEAR... COMME LE FAISAIT REMARQUER NEAR, IL EST CURIEUX QUE DEMEGAWA ET LES PARTISANS DE KIRA SOIENT ARRIVÉS À CE MOMENT-LÀ POUR ATTAQUER LE BUILDING...

NEAR NOUS PPELLE, OMME L'AVAIS PRÉVU, IGHT !

N E A R !

Bip Bip Bip

BIEN. ALORS, APPELEZ-LE TOUT DE SUITE. COMMANDANT RESTER, JE VOUDRAIS QUE VOUS METTIEZ UN BÂILLON SUR LA BOUCHE DE M. MOGI.

?

NEAR, NOUS POUVONS ENFIN COMMUNIQUER AVEC WATARI PAR CODE.

N E A R !

!

N O N ...

NEAR, ICI L. EST-CE QUE TOUT LE MONDE EST SAIN ET SAUF ?

NOUS ENVERRONS SA DÉPOUILLE À LA POLICE JAPONAISE D'ICI QUELQUES JOURS.

M. MOGI A SUCCOMBÉ À LA SUITE D'UNE CRISE CARDIAQUE.

KIRA~

~

~ UNE CRISE CARDIAQUE !?~

C'EST UN PIÈGE DE NEAR...!

MISA S'EST-ELLE TROMPÉE...? NON, C'EST IMPOSSIBLE...

E PEUX FACILEMENT SAVOIR SI MOGI EST MORT OU NON EN LE DEMANDANT À MISA, MAIS NEAR A DIT QU'IL ÉTAIT PRÊT À NOUS REMETTRE LE CORPS. IL SERAIT BIZARRE QUE JE SACHE QUE MOGI N'EST PAS MORT. C'EST UNE MANŒUVRE DE NEAR POUR QUE LES MEMBRES DU BUREAU D'ENQUÊTE ME SOUPÇONNENT.

SI MOGI MEURT MAINTENANT, TOUT LE MONDE PENSERA QUE KIRA L'A TUÉ POUR L'EMPÊCHER DE PARLER. ET LES PERSONNES SUSCEPTIBLES DE L'AVOIR TUÉ SERONT DÉSORMAIS LIMITÉES À CELLES QUI SAVAIENT QUE MOGI ÉTAIT ALLÉ AU S.P.K.

MAIS JE DOIS ABSOLUMENT CONTINUER RENDRE JUSTICE APRÈS MORT...

SI JE POUSSE DE NOUVEAU MISA À RENONCER À LA PROPRIÉTÉ DE SON CARNET, ELLE OUBLIERA QU'ELLE S'EST SERVIE DU CAHIER ET QUE JE SUIS KIRA.

LA SEULE FAÇON POUR NEAR DE TROUVER DES PREUVES CONTRE MOI, C'EST DE QUESTIONNER MISA. MAIS SI JE LA TUE, LES MEMBRES DU BUREAU ME SOUPÇONNERONT ENCORE DAVANTAGE,

MAINTENANT QUE NEAR EST ALLÉ SI LOIN, JE NE PEUX PLUS ME PERMETTRE DE TRAÎNER.

EN QUI DOIS-JE AVOIR CONFIANCE ? IL EST TRÈS POSSIBLE QUE MELLO ET NEAR TRAVAILLENT ENSEMBLE POUR S'APPROPRIER LE CAHIER... MAIS POURQUOI, ALORS QUE NOUS N'AVONS AUCUN MOYEN DE LE CONTACTER, NEAR ESSAIE-T-IL DE NOUS FAIRE SOUPÇONNER LIGHT ?

MOGI EST MORT... EST-CE LIGHT YAGAMI QUI L'A TUÉ ? MAIS S'IL EST KIRA, JE CONNAÎTRAI LE MÊME SORT QUE MOGI SI LIGHT SE REND COMPTE QUE JE FAIS DES RECHERCHES SUR LUI...

QU'EST-CE QU'IL ESSAIE DE...?

OH... IL EST TRÈS SÛR DE LUI... QUELLE SUFFISANCE !

... VEUILLEZ APPELER LE NUMÉRO QUE JE VAIS VOUS TRANSMETTRE. VOUS SEREZ ALORS EN COMMUNICATION AVEC MOI.

À CEUX QUI ÉCOUTENT CETTE CONVERSATION ET QUI ONT LE MOINDRE DOUTE CONCERNANT LA PRÉSENCE DE KIRA AU BUREAU D'ENQUÊTE...

....!

...

IDE...

AIZAWA... NE ME DIS PAS QUE TU...

TCHK

QUAND JE PENSE À CE QUI S'EST PASSÉ ENTRE L ET LIGHT À L'ÉPOQUE OÙ TU NE FAISAIS PAS ENCORE PARTIE DU BUREAU, JE NE PEUX PAS ENTIÈREMENT REJETER CE QU'AVANCE NEAR.

DEPUIS LE DÉBUT, JE N'AI PAS CONFIANCE EN L... SI JE SUIS ICI MAINTENANT, C'EST SURTOUT PARCE QUE JE VEUX TRAVAILLER AVEC TOI, PAS AVEC LIGHT.

AIZAWA, TU DOIS FAIRE CE QUI TE SEMBLE JUSTE. PAR CHANCE, NOUS SOMMES SEULS MAINTENANT, ET JE NE PARLERAI PAS PLUS QUE NÉCESSAIRE AUX AUTRES.

IDE...

PARMI CEUX QUI POURRAIENT CONTACTER NEAR, IL Y A IDE, QUI N'EST PAS AU COURANT DE MON ENFERMEMENT, MATSUDA, QUI ME FAIT ENTIÈREMENT CONFIANCE, ET... AIZAWA... SI JE SUIS TROP LENT, JE RISQUE DE ME RETROUVER COINCÉ...

SI NEAR VA SI LOIN, C'EST PARCE QUE MOGI N'A RIEN DIT D'IMPORTANT, QU'IL SOIT MORT OU VIVANT...

KATCHAK

KATCHAK

JE N'AI PAS LE CHOIX...

CLIC

ALORS... LE TROISIÈME...

KYAH ! UN MESSAGE URGENT DE LA PART DE LIGHT !

BIP

SUIS MES INSTRUCTIONS ET DÉBARRASSE-TOI DE TON ORDINATEUR, DU MATÉRIEL DE COMMUNICATION ET DE TOUT AUTRE OBJET QUI POURRAIT CONSTITUER UNE PREUVE DE MA CULPABILITÉ. PLACE LE CARNET ET L'ENVELOPPE B DANS UNE ENVELOPPE DE FORMAT B4 ET ENVOIE LE TOUT À L'ADRESSE QUE JE VAIS TE DONNER. ENSUITE...

INSCRIS DANS LE CAHIER LE PLUS DE NOMS DE CRIMINELS QUE TU PEUX AVEC DES ÉCHÉANCES S'ÉTENDANT SUR LA PLUS LONGUE PÉRIODE POSSIBLE. CHOISIS SURTOUT DES CRIMINELS QUI NÉCESSITENT LE RECOURS À L'OEIL DE LA MORT POUR ÊTRE TUÉS.

IL VA DONNER MON CARNET À QUELQU'UN D'AUTRE... LE MOMENT EST ENFIN VENU...

RENONCE AU DROIT DE PROPRIÉTÉ DU CARNET...

EUH...?

C'EST ÇA QUI FERA MON BONHEUR EN TANT QUE FEMME. C'EST LE BONHEUR QUE LIGHT SOUHAITE QUE JE CONNAISSE... MERCI, LIGHT...

MAIS LIGHT AFFIRME QUE C'EST POUR MA SÉCURITÉ, ET POUR QUE JE PUISSE DEVENIR UNE ÉPOUSE ORDINAIRE...

DE TOUTE FAÇON, MÊME SI MELLO EST AU COURANT, JE DOIS AVANT TOUT FAIRE EN SORTE QUE MISA NE LAISSE ÉCHAPPER AUCUN ÉLÉMENT PROUVANT MA CULPABILITÉ...

MELLO SAIT-IL QUE LORSQUE LE PROPRIÉTAIRE D'UN CARNET CHANGE, LE PROPRIÉTAIRE PRÉCÉDENT NE SE SOUVIENT PLUS QU'IL A UTILISÉ LE CARNET ? C'EST LE PROBLÈME ! J'AI L'IMPRESSION QUE TOUS LES PROPRIÉTAIRES DU CARNET PRÉCÉDENT, KAL SNYDAR ONT ÉTÉ TUÉS. MAIS SIDOH EN A-T-IL PARLÉ À MELLO ?

CLIC

MÊME SI MISA FAIT L'OBJET D'UNE ENQUÊTE, DU MOMENT QUE KIRA CONTINUE À RENDRE LA JUSTICE ALORS QU'ELLE NE SE SERT PAS DE SON CAHIER ET QUE PERSONNE DU BUREAU D'ENQUÊTE N'UTILISE CE CAHIER-CI, TOUT IRA BIEN. IL FAUT AVANT TOUT L'EMPÊCHER DE LAISSER ÉCHAPPER TOUT ÉLÉMENT COMPROMETTANT.

NEAR... OU PLUTÔT, TOUS LES MEMBRES DU BUREAU...

!

LIGHT... MAIS...

QUE TOUS CEUX D'ENTRE VOUS QUI VEULENT COOPÉRER AVEC NEAR LE FASSENT.

JE PENSE QUE L'IDÉAL SERAIT QUE LE S.P.K. ET NOUS COLLABORIONS DE FAÇON QUE LES DEUX PARTIES SOIENT SATISFAITES.

MOI NON PLUS, JE NE SUIS PAS SATISFAIT DE LA PERSPECTIVE DE DEVOIR CONTINUER À ENQUÊTER DANS CES CONDITIONS.

SI JE MEURS, SOIT... NEAR SERA CONFORTÉ DANS SON OPINION QUE L'EST KIRA...

SI JE COLLABORE AVEC NEAR, JE FINIRAI COMME MOGI. JE DOIS M'ATTENDRE AU PIRE...

EN TANT QUE L, IL EST BIEN OBLIGÉ DE DIRE ÇA.

...

40

TRÈS BIEN. SI TU LAISSES TON PORTABLE ICI, LE BUREAU D'ENQUÊTE SERA INCAPABLE DE SUIVRE TA TRACE, QUOI QUE TU FASSES. JE FERAI EN SORTE QUE LES MEMBRES DU BUREAU NE SE RENDENT COMPTE DE RIEN.

IDE, JE VAIS APPELER NEAR SANS ME FAIRE REMARQUER DE LIGHT.

PYUHH

... TU COMPRENDS CE QUE JE VEUX DIRE, HEIN ? JE COMPTE SUR TOI.

!

IDE... SI JAMAIS JE MEURS...

C'EST VRAI...

D'ACCORD. MAIS À CONDITION QUE JE SOIS ENCORE VIVANT À CE MOMENT-LÀ...!

...

KRii

MON NOM EST AIZAWA. J'APPARTIENS AU BUREAU D'ENQUÊTE JAPONAIS. JE VEUX PARLER À NEAR.

Bip
Bip
Bip

JE DOIS ENCORE VOUS DIRE UNE CHOSE...

D'ACCORD...

BIEN SÛR, NOUS ALLONS D'ABORD VÉRIFIER QUE VOUS N'ÊTES PAS KIRA OU L'UN DE SES ESPIONS.

ICI NEAR. POUVEZ-VOUS VENIR CHEZ NOUS, À CONDITION QUE VOUS NE RÉVÉLIEZ PAS AU BUREAU D'ENQUÊTE L'ENDROIT OÙ NOUS NOUS TROUVONS ?

PUIS-JE VRAIMENT LUI FAIRE CONFIANCE? MAIS IL EST VRAI QUE JE N'AURAIS RIEN FAIT SI NEAR N'AVAIT PAS DIT QUE MOGI ÉTAIT MORT...

VOUS AVEZ MENTI...?

M. MOGI EST EN VIE. J'AI MENTI POUR POUSSER DES GENS COMME VOUS À AGIR.

C'EST MOI, MOGI.

MOGI...

ALORS, POURRIEZ-VOUS ME PASSER MOGI?

OUI.

JE PENSE AUSSI QUE C'EST UNE BONNE IDÉE.

ALORS, VOUS ÊTES CAPABLE DE PARLER!? VOUS ÊTES VRAIMENT QUELQU'UN!

MOGI, MOI AUSSI, JE VAIS ALLER TROUVER NEAR. J'ÉCOUTERAI CE QU'ILS ONT À ME DIRE ET JE LEUR DIRAI TOUT CE QUE JE PEUX.

HISTOIRE DU DROIT PÉNAL

PRINCIPES DE DROIT CIVIL : CRÉANCES

PRINCIPES DE DROIT CIVIL : CRÉANCES

Le droit : DOCUMENTS

APRÈS-GUERRE

APRÈS-GUERRE

1012
Mikami

TCHK

DEATH NOTE
HOW TO USE IT
LIV

In order to make the DEATH NOTE take effect, the victim's name must be written on the same page, but the cause of death and the situation around the death can be described in other pages of the DEATH NOTE.
This will work as long as the person that writes the DEATH NOTE keeps the specific victim's name in mind when writing the cause and situation of the death.

Pour que le carnet fonctionne, les nom et prénom
de la victime doivent être écrits sur la même page,
mais la cause de la mort ainsi que ses circonstances
peuvent être décrites sur d'autres pages du death note.
Ceci est valable à condition que la personne qui écrit
dans le cahier garde à l'esprit le nom de la victime quand
elle inscrit la cause et les circonstances de la mort.

CE N'EST PAS TOUT. SI LA REGLE QUI DIT QUE CELUI QUI A INSCRIT UN NOM DANS LE CAHIER MOURRA S'IL N'Y A PAS INSCRIT UN AUTRE NOM DANS LES 13 JOURS EST FAUSSE...

LIGHT YAGAMI EST KIRA... C'EST CE QUE CROYAIT L. ET C'EST AUSSI CE QUE CROIT NEAR, QUI A GRANDI COMME L À LA WAMMY'S HOUSE...

PAGE 82. EN PERSONNE

NEAR M'A DIT DE L'APPELER DE CETTE CABINE À 3 HEURES.

MON NOM EST GEVANNI, J'APPARTIENS AU S.P.K. VEUILLEZ MONTER.

VOUS ÊTES MONSIEUR AIZAWA, N'EST-CE PAS ?

PLATT

?

METTEZ CECI.

JE PENSAIS QUE C'ÉTAIENT DES LUNETTES DE SOLEIL, MAIS C'EST UN BANDEAU...!

VOUS NE ME FAITES PAS ENCORE ENTIÈREMENT CONFIANCE...? C'EST PAREIL POUR MOI...

JE SUIS DÉSOLÉ. NOUS N'AVONS PAS ENCORE ENTIÈREMENT CONFIANCE EN VOUS ET NOUS VOULONS ÉVITER D'AVOIR LES MÊMES ENNUIS QUE LA FOIS PRÉCÉDENTE.

GEVANNI, REVENEZ ICI APRÈS AVOIR ROULÉ AU HASARD PENDANT 2 HEURES.

JE NE PENSE PAS QUE CE SOIT LE CAS, MAIS IL SE POURRAIT QU'IL AGISSE SUR L'ORDRE DU SECOND L. AU PIRE, IL EST MÊME POSSIBLE QU'IL AGISSE POUR LE COMPTE DE KIRA...

C'EST VRAI. JE N'AI MÊME PAS PRIS MON PORTABLE.

MONSIEUR AIZAWA, JE CONSTATE QUE VOUS NE PORTEZ SUR VOUS AUCUN APPAREIL DE TÉLÉCOMMUNICATION COMME NOUS VOUS L'AVONS DEMANDÉ.

LIGHT ! NE T'INQUIÈTE PAS ! MOI, JE NE DONNERAI AUCUNE INFORMATION À NEAR !

Bip Bip

CETTE PESTE DE NEAR ! IL OSE TENTER DE DÉBAUCHER OUVERTEMENT MES COLLABORATEURS ALORS QU'IL SAIT QUE J'ENTENDS TOUT... MAIS LE CAHIER EST DÉJÀ ENTRE LES MAINS DE MIKAMI, ET MISA A RENONCÉ À SON DROIT DE PROPRIÉTÉ. IMPOSSIBLE DE TROUVER UNE PREUVE CONTRE MOI MAINTENANT, SAUF SI C'EST MOI QUI LA FOURNIS.

IL EST PLUS QUE PROBABLE QUE MELLO SE TROUVAIT À PROXIMITÉ DE L'IMMEUBLE DU S.P.K. JUSTE AVANT QUE MOGI Y ENTRE. CELA REMONTE À UN PETIT BOUT DE TEMPS, MAIS AIZAWA ET MOI ALLONS ENCORE ESSAYER DE TROUVER DES ENDROITS OÙ MELLO POURRAIT SE CACHER.

MES ÉCOUTES M'ONT PERMIS DE TROUVER UN TÉMOIN QUI DIT AVOIR VU QUELQU'UN RESSEMBLANT À MELLO IL Y A 10 JOURS ENVIRON.

IDE ! QUE SE PASSE-T-IL ?

AIZAWA EST-IL PASSÉ À L'ACTION ? SI C'EST LE CAS, IL VAUT MIEUX QUE JE NE M'EN MÊLE PAS, AUTREMENT, NEAR ME SOUPÇONNERA ENCORE PLUS. NON... AUTANT LES LAISSER AGIR À LEUR GUISE, MÊME S'ILS VEULENT ENQUÊTER SUR MISA.

TRÈS BIEN.

NEAR,
ILS SONT
LÀ.

FAÎTES-LES
ENTRER !

MONSIEUR
MOGI,
C'EST BIEN
M. AIZAWA,
N'EST-CE
PAS ?

MOGI!

AIZAWA...!

EH BIEN, SI VOUS RÉPONDEZ HONNÊTEMENT AUX 2 OU 3 QUESTIONS QUE JE VAIS VOUS POSER, JE PENSE QUE NOUS POURRONS VOUS RETIRER VOTRE BANDEAU.

IL M'EST UN PEU DIFFICILE DE DIRE "RAVI DE FAIRE VOTRE CONNAISSANCE" AVEC UN BANDEAU SUR LES YEUX...

RAVI DE FAIRE VOTRE CONNAISSANCE, MONSIEUR AIZAWA. JE SUIS NEAR.

JE FILAIS MOGI, QUI SUIVAIT LES INSTRUCTIONS DE MELLO.

VOUS VOUS TROUVIEZ À PROXIMITÉ DE L'ANCIEN Q.G. DU S.P.K. POUVEZ-VOUS M'EXPLIQUER POURQUOI ?

!?

OUI. JE PORTAIS UN MICRO POUR PARLER ET UN ÉMETTEUR PERMETTANT DE ME LOCALISER. J'AVAIS AUSSI UNE CAMÉRA, MAIS MAINTENANT, JE N'AI PLUS RIEN DE TOUT ÇA SUR MOI, CONFORMÉMENT À CE QUE VOUS M'AVEZ DEMANDÉ.

ET PENDANT CE TEMPS, VOUS AVIEZ UN MOYEN DE COMMUNIQUER AVEC L... JE VEUX DIRE, LE NOUVEAU L, N'EST-CE PAS ?

EH BIEN, VOUS POUVEZ RETIRER VOTRE BANDEAU.

JE NE PENSE PAS QUE VOUS AYEZ CONCLU UN ACCORD AVEC KIRA ENSUITE, C'EST POURQUOI JE CROIS QUE VOUS ÊTES VENU ICI DANS LE SEUL BUT D'AIDER NOTRE ENQUÊTE.

LE FAIT QUE VOUS PORTIEZ UNE CAMÉRA POURRAIT SIGNIFIER QUE L EST KIRA ET QU'IL VOULAIT VOIR LE VISAGE DE MELLO. MAIS CELA INDIQUE AUSSI QUE VOUS N'ÊTES PAS UN HOMME DE KIRA AYANT LE POUVOIR DE TUER LES GENS SIMPLEMENT EN LES REGARDANT.

MAIS SI JE SUIS LÀ, C'EST PARCE QUE VOS AFFIRMATIONS M'ONT TROUBLÉ. JE PENSE QU'IL EST POSSIBLE QUE VOUS AYEZ RAISON.

MÊME SI JE VEUX COLLABORER, CELA NE SIGNIFIE PAS QUE JE VOUS FAIS ENTIÈREMENT CONFIANCE, ET DE TOUTE FAÇON, JE FAIS PARTIE DU BUREAU D'ENQUÊTE JAPONAIS AVANT TOUT. IL Y A DONC DES LIMITES À MA COLLABORATION.

UN ÉLÉMENT ME GÊNE... POUR AUTANT QUE CE QUE MELLO RACONTE SOIT VRAI. JE NE POURRAI RIEN VOUS DIVULGUER SI CE QUE MELLO A DIT EST INEXACT.

CE QUE MELLO A DIT ? VOUS VOULEZ PARLER DE LA RÈGLE DES 13 JOURS ?

OUI...

POURQUOI CELA VOUS A-T-IL TROUBLÉ ? QU'EST-CE QUI VOUS TROUBLE ?

QUAND JE SUIS ALLÉ À LA WAMMY'S HOUSE, ON M'A DIT QUE MELLO ET NEAR ÉTAIENT EN COMPÉTITION POUR LA SUCCESSION DE L ET QUE NEAR L'EMPORTAIT TOUJOURS SUR MELLO. MAIS MELLO SERAIT-IL ALLÉ SI LOIN...?

POUR PARLER FRANCHEMENT, MELLO ESSAIE DE METTRE LA MAIN SUR KIRA AVANT NEAR.

JE RECONNAIS QUE LES MÉTHODES DE MELLO SONT BRUTALES, MAIS C'EST LE DÉSIR DE CAPTURER KIRA QUI LE POUSSE À AGIR AINSI.

TOUT LE MONDE À LA WAMMY'S HOUSE RÊVAIT DE DEVENIR COMME LUI.

MELLO ET MOI ADMIRIONS L AU PLUS HAUT POINT. IL ÉTAIT POUR NOUS LA SEULE PERSONNE DIGNE D'ÊTRE RESPECTÉE.

NOUS SOMMES PRÊTS À EMPLOYER TOUS LES MOYENS POUR L'ATTRAPER. VOUS NE TROUVEZ PAS ÇA LOGIQUE ?

ET IL EST ÉVIDENT QUE LA PERSONNE QUE NOUS ADMIRIONS ET RESPECTIONS A ÉTÉ TUÉE PAR KIRA...

NOUS AVONS ÉPROUVÉ LE MÊME SENTIMENT QUAND LE DIRECTEUR ADJOINT S'EST FAIT TUER... DANS LES DEUX CAS, C'EST KIRA QUI EST À L'ORIGINE DE LEUR MORT...

JE COMPRENDS MAINTENANT QU'ILS SOIENT PRÊTS À RECOURIR À N'IMPORTE QUEL MOYEN POUR ARRÊTER CELUI QUI A TUÉ LEUR IDOLE.

À PARTIR DU MOMENT OÙ L'ON SAIT QUE KIRA SE SERT D'UN CAHIER POUR TUER, N'IMPORTE QUI PENSERAIT À S'EMPARER DU CAHIER POUR LE CAPTURER.

C'EST POUR CETTE RAISON QUE MELLO EST ENTRÉ DANS LA MAFIA, EN NÉGLIGEANT LE DANGER QUE CELA REPRÉSENTAIT, ET QU'IL S'EST SERVI DE L'ORGANISATION. ET MÊME SI SES MÉTHODES ÉTAIENT IRRÉGULIÈRES, IL A RÉUSSI À OBTENIR LE CAHIER.

MAIS TOUT CE QUE MELLO FAISAIT SERVAIT À METTRE LA MAIN SUR KIRA, QUE NOUS HAÏSSONS.

JE PENSE BIEN SÛR QUE CETTE FAÇON DE FAIRE ÉTAIT MAUVAISE.

LES HOMMES DE LA MAFIA CONVENAIENT PARFAITEMENT POUR LE TESTER ! MELLO N'A SANS DOUTE MÊME PAS DÛ INSCRIRE LUI-MÊME LES NOMS DE SES VICTIMES...

QUOI DE PLUS NORMAL QUE DE VOULOIR ESSAYER LE CAHIER QUAND ON EST EN SA POSSESSION

...! ....

QU'EST-CE QUI VOUS DÉRANGE ?

AU CAS OÙ LA RÈGLE DES 13 JOURS SERAIT FAUSSE, IL Y A QUELQUE CHOSE QUI VOUS TROUBLE, N'EST-CE PAS, MONSIEUR AIZAWA ?

ENFIN... NOUS NE SAURONS JAMAIS SI CETTE RÈGLE EST EXACTE OU FAUSSE, À MOINS DE FAIRE NOUS-MÊMES UN ESSAI, MAIS LE BUREAU D'ENQUÊTE JAPONAIS NE SERA JAMAIS D'ACCORD.

LE PREMIER L SOUPÇONNAIT QUELQU'UN D'ÊTRE KIRA... APRÈS AVOIR ÉTÉ ENFERMÉE PENDANT 50 JOURS, CETTE PERSONNE A ÉTÉ RELÂCHÉE. SON INNOCENCE A ÉTÉ PROUVÉE GRÂCE À LA RÈGLE DES 13 JOURS QUE NOUS AVONS DÉCOUVERTE AU MOMENT OÙ HIGUCHI A ÉTÉ CAPTURÉ.

SI LA RÈGLE DES 13 JOURS EST FAUSSE... ET SI JE PEUX ME FIER À MELLO... LE FAIT QUE MELLO ESSAIE D'ATTRAPER KIRA N'EST PAS NÉCESSAIREMENT UN MENSONGE... AU POINT OÙ J'EN SUIS, AUTANT PARLER, SI ÇA PERMET DE FAIRE AVANCER LES CHOSES...

ET CETTE PERSONNE ÉTAIT...

...

OUI.

...

...LE L ACTUEL.

EN FAIT, UNE AUTRE PERSONNE A AUSSI ÉTÉ ENFERMÉE. CELLE QUE L'ON APPELAIT LE DEUXIÈME KIRA...

N'EST-CE PAS ?

AH OUI, CELLE QUI A FAIT PARLER D'ELLE SUR SAKURA TV...

MÊME SI L LES A ENFERMÉS, IL ME SEMBLE UN PEU PRÉMATURÉ DE DIRE QUE L'AFFAIRE EST RÉGLÉE.

PUISQUE LE PREMIER L LES A ENFERMÉS, L'AFFAIRE EST RÉGLÉE.

SI LA RÈGLE DES 13 JOURS EST FAUSSE, ALORS ILS SONT FORCÉMENT COUPABLES TOUS LES DEUX.

KIRA A CONTINUÉ À TUER PENDANT LES 50 JOURS OÙ ILS ONT ÉTÉ ENFERMÉS, ALORS QU'ILS NE POUVAIENT MÊME PAS SE SERVIR DE LEURS MAINS. DANS CES CONDITIONS, IL ÉTAIT RAISONNABLE DE PENSER QU'ILS N'ÉTAIENT PAS KIRA ET DE LES RELÂCHER.

C'EST VRAI. MAIS POURQUOI AVEZ-VOUS RELÂCHÉ CES DEUX PERSONNES APRÈS 50 JOURS ? D'APRÈS CE QUE VOUS M'AVEZ DIT, CE N'EST QU'APRÈS LEUR LIBÉRATION QUE VOUS AVEZ EU CONNAISSANCE DE LA RÈGLE DES 13 JOURS.

NON. L A FAIT JOUER LA COMÉDIE À SÔICHIRÔ YAGAMI, QUI ÉTAIT ALORS NOTRE DIRECTEUR.

ET L A ACCEPTÉ SANS RIEN DIRE ?

EN EFFET. LES GENS DU BUREAU D'ENQUÊTE ONT FORCÉ L À LE FAIRE.

MAIS CE N'EST PAS L QUI A PROPOSÉ DE LES LIBÉRER, N'EST-CE PAS ?

...!
....!

ENSUITE, ALORS QU'ILS ÉTAIENT EN ROUTE, YAGAMI A POINTÉ SON REVOLVER SUR EUX EN DISANT QU'IL ALLAIT TUER KIRA ET SE SUICIDER APRÈS.

YAGAMI LES A FAIT SORTIR ET L LEUR A DIT QU'ON ÉTAIT ARRIVÉS À LA CONCLUSION QU'ILS ÉTAIENT KIRA ET LE DEUXIÈME KIRA ET QU'ON ALLAIT LES EMMENER VERS LE LIEU DE LEUR EXÉCUTION.

À L'ÉPOQUE, VOUS IGNORIEZ L'EXISTENCE DU CAHIER, ET COMME AUCUN DES DEUX N'AVAIT SON CAHIER SUR LUI, CETTE COMÉDIE ÉTAIT INUTILE...

OUI, MAINTENANT QUE J'Y PENSE, VOUS AVEZ RAISON.

S'ILS AVAIENT VRAIMENT ÉTÉ KIRA ET LE DEUXIÈME KIRA, DANS CETTE SITUATION D'URGENCE, ILS AURAIENT SÛREMENT TUÉ LE DIRECTEUR. C'EST POURQUOI NOUS AVONS JUGÉ QU'ILS ÉTAIENT INNOCENTS.

KIRA A EU RECOURS À L'ENFERMEMENT POUR PROUVER SON INNOCENCE.

KIRA EST VRAIMENT IMPRESSION- NANT...

...

SI LES GENS AVAIENT EU CONNAISSANCE DE LA RÈGLE DES 13 JOURS PLUS TÔT, CELA AURAIT EU L'AIR SUSPECT. C'EST POUR CELA QUE KIRA, QUI AVAIT PRÉVU QU'IL SE FERAIT ENFERMER, AVAIT PRÉALABLEMENT INSCRIT LA RÈGLE DES 13 JOURS PARMI LES AUTRES RÈGLES DU CAHIER.

VOUS AVEZ VU LES RÈGLES ÉCRITES DANS LE CAHIER APRÈS AVOIR CAPTURÉ HIGUCHI.

COMMENT POUVEZ-VOUS EN ÊTRE SÛR ?

ENSUITE, IL A DONNÉ SON CAHIER À QUELQU'UN D'AUTRE, EN ATTENDANT QUE L'ATTRAPE CETTE PERSONNE ET METTE LA MAIN SUR SON CAHIER.

IL EST ALLÉ JUSQUE-LÀ... !

...

ALORS, KIRA A DEMANDÉ AU DIEU DE LA MORT DE LES ÉCRIRE, OU IL A EMPRUNTÉ QUELQUE CHOSE QUI LUI A PERMIS D'ÉCRIRE DANS LE CAHIER.

MAIS LES RÈGLES DU CAHIER SONT INSCRITES AVEC UNE SUBSTANCE QUI N'EXISTE PAS SUR TERRE !

LIGHT A EFFECTIVEMENT PROPOSÉ QU'ON L'ENFERME...

SE POURRAIT-IL QUE LA PERSONNE SOUPÇONNÉE D'ÊTRE KIRA AIT PROPOSÉ ELLE-MÊME DE SE FAIRE ENFERMER ?

!...

APRÈS SA LIBÉRATION, LIGHT A ÉTÉ FORCÉ DE RESTER 24 HEURES SUR 24 AVEC L ET D'AGIR AVEC LUI. IL A AIDÉ L À CAPTURER HIGUCHI. ENFIN, PLUTÔT QUE DE L'AIDER, IL ÉTAIT SUR UN PIED D'ÉGALITÉ AVEC L... NEAR AURAIT DONC RAISON ? CE SERAIT VRAIMENT LIGHT YAGAMI...?

LE SUSPECT FAISAIT CONFIANCE AU TALENT DE L ; IL A ATTENDU QUE CELUI-CI ARRÊTE HIGUCHI, METTE LA MAIN SUR SON CAHIER ET DÉCOUVRE LA RÈGLE DES 13 JOURS. IL SE TROUVE QUE LE SUSPECT AVAIT ÉTÉ LIBÉRÉ QUAND HIGUCHI S'EST FAIT ARRÊTER, MAIS MÊME S'IL N'AVAIT PAS ENCORE ÉTÉ RELÂCHÉ, CELA N'AURAIT RIEN CHANGÉ.

SI LE SUSPECT A FAIT DE LUI-MÊME CETTE PROPOSITION, ALORS, L'AFFAIRE EST RÉSOLUE.

C'EST VRAI. MAIS QUAND JE CONCENTRERAI MES RECHERCHES SUR LES DEUX PERSONNES QUI ONT ÉTÉ ENFERMÉES, JE TROUVERAI SÛREMENT QUELQUE CHOSE...

MAIS, NEAR... TOUT CE QUE VOUS DITES, CE SONT DE PURES HYPOTHÈSES. VOUS N'AVEZ PAS DE PREUVES !

!

ALORS... QUI SONT CES DEUX PERSONNES ?

JE SUIS DÉSOLÉ, MAIS JE NE PEUX PAS VOUS LE DIRE. COMME JE VOUS L'AI DIT AU DÉBUT, JE SUIS ICI EN TANT QUE MEMBRE DU BUREAU D'ENQUÊTE JAPONAIS. EN PLUS, JE TRAVAILLE POUR L.

ALORS, POURRIEZ-VOUS ME DIRE TOUT CE QUE VOUS SAVEZ, EXCEPTÉ LEURS NOMS ?

D'ACCORD...

...! ....

JE VOUS REMERCIE POUR TOUS CES PRÉCIEUX RENSEIGNEMENTS. VOUS POUVEZ PARTIR TOUS LES DEUX.

JE VIENS DE VOUS REMERCIER, IL ME SEMBLE.

NOUS VOUS AVONS DIT TOUT CE QUE NOUS POUVIONS, ET VOUS NOUS DEMANDEZ DE PARTIR ?

C'EST TOUT...?

J'IGNORE CE QU'IL EN EST MAINTENANT, MAIS AU DÉBUT, KIRA N'AVAIT PAS PROCÉDÉ À L'ÉCHANGE DE L'ŒIL. MAIS J'AI COMPRIS QUE LE DEUXIÈME KIRA L'AVAIT FAIT...

JE VOUS REMERCIE EN PARTICULIER POUR LES RENSEIGNEMENTS CONCERNANT LES DIEUX DE LA MORT ET L'ŒIL DE LA MORT QUE L'ON OBTIENT EN ÉCHANGE DE LA MOITIÉ DU RESTE DE SA VIE. JE N'EN AVAIS JAMAIS ENTENDU PARLER, ET C'EST UNE INFORMATION TRÈS UTILE.

OUI...

MAIS...

JE PENSE QU'IL SERA DIFFICILE DE FAIRE DES RECHERCHES SUR LE NOUVEAU L, C'EST POURQUOI NOUS EN FERONS PLUTÔT SUR LE DEUXIÈME KIRA. SI NOUS POUVONS PAR CE BIAIS OBTENIR LE CAHIER, NOUS DISPOSERONS D'UNE PREUVE IRRÉFUTABLE.

JE CROIS ÉGALEMENT QUE NOUS AURONS DU MAL À OBTENIR UNE CONFESSION DE LA PART DE QUELQU'UN QUI N'A PAS PARLÉ PENDANT 50 JOURS DE DÉTENTION.

MAINTENANT QUE L A ENTENDU QUE J'AVAIS DEMANDÉ AUX MEMBRES DU BUREAU D'ENQUÊTE DE VENIR ME TROUVER, JE NE PENSE PAS QUE NOUS TROUVERONS FACILEMENT LE CAHIER, MÊME SI LE NOUVEAU L EST KIRA ET MÊME SI LE DEUXIÈME KIRA SE CHARGE DE COMMETTRE LES MEURTRES.

NON, POUR LE MOMENT, AUCUN. EXCUSEZ-MOI SI JE PARLE POMPEUSEMENT, MAIS S'IL SE PASSE DE NOUVEAU QUELQUE CHOSE, JE FERAI UNE NOUVELLE FOIS APPEL À VOUS. DANS CE CAS, JE VOUS DEMANDERAI DE BIEN VOULOIR M'APPELER EN SECRET AU NUMÉRO QUE JE VOUS AI DONNÉ TOUT À L'HEURE.

ALORS, VOUS N'AVEZ AUCUN MOYEN D'AGIR ?

DANS LE MONDE ACTUEL, KIRA PEUT LUI TROUVER AUTANT DE REMPLAÇANTS QU'IL LE SOUHAITE.

DE TOUTE FAÇON, JE DOUTE QUE KIRA LAISSE LE DEUXIÈME KIRA CONTINUER À TUER SI CE DERNIER FAIT L'OBJET DE TANT DE SOUPÇONS.

VOUS ÊTES SÛR DE CE QUE VOUS FAITES, NEAR ? VOUS N'AVEZ PAS OBTENU LES RENSEIGNEMENTS LES PLUS IMPORTANTS...

EXCUSEZ-MOI, MAIS IL VOUS FAUT REMETTRE LE BANDEAU.

GEVANNI, CONDUISEZ-LES À LA GARE OU À L'AÉROPORT. JE SUIS DÉSOLÉ POUR LE BUREAU D'ENQUÊTE JAPONAIS D'AVOIR GARDÉ SES MEMBRES PENDANT SI LONGTEMPS.

CE N'EST RIEN. POUR LE MOMENT, JE SOUHAITE QUE NOTRE COLLABORATION EN RESTE LÀ.

ET PUIS, J'AI APPRIS QUELQUE CHOSE D'IMPORTANT.

QUOI DONC ?

MAIS, VOUS AVEZ DIT VOUS-MÊME QUE COMME LES DEUX SUSPECTS N'AVAIENT PAS LEURS CAHIERS, CELA NE PROUVAIT RIEN !

LA PARTIE IMPORTANTE, C'EST QUE YAGAMI A DIT QU'IL ALLAIT TUER KIRA, PUIS SE TUER LUI-MÊME.

ALITREMENT DIT...

AIZAWA A PARLÉ DE LA MISE EN SCÈNE DE MAUVAIS GOÛT ORGANISÉE PAR L QUAND L'ENFERMEMENT DES SUSPECTS A PRIS FIN. VOUS L'AVEZ ENTENDU, N'EST-CE PAS ?

... LE DIRECTEUR YAGAMI ÉTAIT LE PÈRE DE LA PERSONNE SOUPÇONNÉE D'ÊTRE KIRA.

SINON IL N'AURAIT PAS DIT QU'IL TUERAIT KIRA AVANT DE SE SUICIDER.

C'EST LA SEULE EXPLICATION.

ROLL コロン

AINSI, IL ÉTAIT FACILE POUR LUI DE COLLABORER AVEC LE BUREAU D'ENQUÊTE ET DE DEVENIR LE L ACTUEL. C'EST LUI, J'EN SUIS SÛR.

SOICHIRO YAG...
Né le 12/0⁵/1955
Directeur du bureau
de la préfecture de To...
Chef du quartier géné...
de l'enquête spéciale sur...
meurtres en série de crim...

SACHIKO YAGAMI
...e le 10/10/1962   41 ans
...me au foyer

...T YAGAMI
...e le 28/02/1986   17 ans
Étudiant en 3ᵉ année, institut
Daikoku Gakuen

SAYU YAGAMI
Née le 18/06/1989   14 ans
Élève en 2ᵉ année, collège Eishû

PAR CONSÉQUENT, LE NOUVEAU L ET CELUI QUE JE PENSE ÊTRE KIRA, C'EST LIGHT YAGAMI.

DEATH NOTE
HOW to USE It
LV

In occasions where the cause and situation of death is written before the victim's name, multiple names can be written as long as they are written within 40 seconds and the causes and situations of the death are not impossible to occur.

Si on écrit la cause et les circonstances de la mort avant le nom de la victime, il est possible d'inscrire les noms de plusieurs victimes à condition de le faire dans les 40 secondes et uniquement si la cause et les circonstances de la mort sont envisageables.

In the occasion where the cause of death is possible but the situation is not, only the cause of death will take effect for that victim. If both the cause and the situation are impossible, that victim will die of heart attack.

Si la cause de la mort est plausible, mais pas les circonstances, seule la cause de la mort sera prise en compte. Dans le cas où la cause et les circonstances sont irréalisables, la victime meurt d'une crise cardiaque.

AINSI, IL ÉTAIT FACILE POUR LUI DE COLLABORER AVEC LE BUREAU D'ENQUÊTE ET DE DEVENIR LE L ACTUEL. C'EST LUI, J'EN SUIS SÛR.

PAR CONSÉQUENT, LE NOUVEAU L ET CELUI QUE JE PENSE ÊTRE KIRA, C'EST LIGHT YAGAMI.

SÔICHIRO YAGAMI
Né le 12/07/1955 48 ans
Directeur du bureau d'enquête
de la préfecture de Tokyo
Chef du quartier général
de l'enquête spéciale sur les
meurtres en série de criminels

SACHIKO YAGAMI
Née le 10/10/1962 41 ans
Femme au foyer

LIGHT YAGAMI
Né 28/02/1986 17 ans
Étudiant en 3e année, institut
Daikoku Cokinen

YU YAGAMI
le 1989 14 ans
e, collège Eishô

PAGE 83. ÉLIMINATION

OUI.

LIDNER, MELLO EST TOUJOURS À NEW YORK, N'EST-CE PAS ?

AINSI, NOUS AUGMENTERONS NOS CHANCES DE SAVOIR OÙ SE TROUVE LE SECOND L ET QUI EST LE DEUXIÈME KIRA.

DANS CE CAS, JE VEUX QUE VOUS LUI DISIEZ À QUEL ENDROIT ET QUAND GEVANNI VA FAIRE DESCENDRE DE SA VOITURE MM. MOGI ET AIZAWA, MAIS NE ME COMMUNIQUEZ PAS CES INFORMATIONS... EN FAIT, VOUS POUVEZ TOUT LUI DIRE SAUF QUE L EST LIGHT YAGAMI. JE SUIS SÛR QUE MELLO ARRIVERA TRÈS VITE À CETTE CONCLUSION.

SON SEUL
CONSEIL A ÉTÉ
DE FAIRE DES
RECHERCHES
SUR LE
DIXIÈME KIRA.
MAIS IL NE
DONNAIT PAS
L'IMPRESSION
D'ATTENDRE
BEAUCOUP
DE CES
RECHERCHES...
ENFIN, JE N'AI
PAS LE CHOIX,
JE DOIS
LES FAIRE...

NEAR NE POURRA
SANS DOUTE
RIEN FAIRE TANT
QU'IL N'AURA
PAS TROUVÉ
L'IDENTITÉ DES
DEUX SUSPECTS.
MAIS JE NE PEUX
TOUJOURS PAS
FAIRE CONFIANCE
À NEAR À 100 %.
C'EST POURQUOI
JE NE PEUX PAS
LUI DONNER CES
DEUX NOMS.

J'AI PARLÉ
À NEAR
DES DEUX
SUSPECTS
QUI ONT ÉTÉ
ENFERMÉS,
ET POURTANT,
RIEN N'A
CHANGÉ.

TRÈS BIEN...
JE FERAI DE
MON MIEUX
POUR
TROUVER
TOUT
CE QUE
JE PEUX
CONCERNANT
LIGHT
YAGAMI.

JE VOUS
REMERCIE.

COMMANDANT
RESTER, PUIS-JE
VOUS DEMANDER
DE VOUS RENDRE
AU JAPON ?

MONSIEUR MOGI, MONSIEUR AIZAWA, VOUS DESCENDEZ ICI.

L'AÉROPORT... IL LUI A FALLU PAS MAL DE TEMPS POUR ARRIVER ICI. IL A DÛ FAIRE DES DÉTOURS.

OUI.

Airlines

OUI...

MOGI... JE PENSE REPRENDRE MON ENQUÊTE EN ME CONCENTRANT SUR AMANE...

IL EST IMPOSSIBLE QUE NEAR NE SACHE PAS QUE HAL M'A INFORMÉ DE L'ENDROIT OÙ CES DEUX-LÀ ALLAIENT ÊTRE DÉBARQUÉS, DE MÊME POUR LES AUTRES INFORMATIONS... C'EST PEUT-ÊTRE SA FAÇON DE ME REMERCIER D'AVOIR ENVOYÉ MOGI AU Q.G. DU S.P.K.

LE S.P.K. SUIT PEUT-ÊTRE CES DEUX HOMMES... MAIS PEU IMPORTE...

COMME LE BUREAU D'ENQUÊTE ME TIENT ENCORE POUR DISPARU, JE PEUX RETOURNER AU SIÈGE DU BUREAU PLUS TARD.

ALORS, JE TE SUIS, POUR FOUILLER CHEZ ELLE, IL FAUT ÊTRE AU MOINS DEUX. DE TOUTE FAÇON, IL FAUDRA QUELQU'UN POUR LA SURVEILLER.

COMME L'A DIT NEAR, IL RESTE UNE PETITE CHANCE QU'AMANE SOIT ENCORE EN POSSESSION DU CAHIER. CE SERA LE POINT DE DÉPART DE MES RECHERCHES.

MAIS SI DES CRIMINELS DONT ON PARLE AUX INFORMATIONS CONTINUENT À SE FAIRE TUER...

OUI... ET SI NOUS NE TROUVONS PAS LE CAHIER CHEZ AMANE, L'UN DE NOUS DEUX RETOURNERA AU SIÈGE DU BUREAU POUR CONTINUER À SURVEILLER LIGHT ET AMANE.

DÉSORMAIS, JE NE SUIS PLUS ENTIÈREMENT CONVAINCU DE L'INNOCENCE DE LIGHT, ALORS, JE VAIS CONTINUER À LE TENIR À L'OEIL.

... CELA SIGNIFIERA AU MOINS QUE LIGHT ET AMANE NE SE SERVENT PAS DU CAHIER.

AIZAWA... JE SURVEILLERAI LIGHT EN ALTERNANCE AVEC TOI.

GWOOOO

MAIS IL NE VA PAS ÊTRE FACILE DE TROUVER DES PREUVES QUE LIGHT ÉTAIT KIRA DANS LE PASSÉ ET QU'IL DEMANDE À QUELQU'UN D'AUTRE DE COMMETTRE LES ASSASSINATS. ENFIN, S'IL RESSORT FINALEMENT QUE LIGHT N'EST PAS KIRA, CE SERA ENCORE LE MIEUX, MAIS...

EN TOUT CAS, RETOUR- NONS À LOS ANGELES.

OUI.

OUI.

SI, COMME NEAR L'A DIT, LIGHT A DEMANDÉ DANS LE PASSÉ À AMANE DE TUER LES CRIMINELS AVEC LE CAHIER EN LUI FAISANT PROCÉDER À L'ÉCHANGE DE L'OEIL, IL EST POSSIBLE QU'IL AIT DEMANDÉ À QUELQU'UN D'AUTRE DE S'EN CHARGER MAINTENANT.

JE PENSE QUE OUI.

TU ES PRÊT, MOGI ?

AH !

MOCCHI ET MONCHICHI* !

B U Y Z

* MONCHICHI : PELUCHE REPRÉSENTANT UN SINGE TRÈS POPULAIRE DANS LES ANNÉES 70.

C'EST IMPOSSIBLE...

HABILLÉE COMME ELLE EST, ELLE N'A SÛREMENT PAS LE CAHIER SUR ELLE...

COMME ÇA FAIT LONGTEMPS ! LIGHT EST TELLEMENT OCCUPÉ AVEC L'ENQUÊTE QUE JE NE LE VOIS JAMAIS ! JE M'ENNUIE !

QUOI !?

NOUS AVONS REÇU UNE INFORMATION SELON LAQUELLE QUELQU'UN VOUDRAIT TUER L ET AURAIT PLACÉ UNE BOMBE CHEZ LUI ! JE PENSE QUE C'EST UN CANULAR, MAIS JE PRÉFÈRE VÉRIFIER...

POURQUOI ?

N'UTILISEZ PAS VOTRE TÉLÉPHONE !

TUER L ? SERAIT-CE KIRA ? EST-CE QUE LIGHT N'A RIEN ? L... C'EST BIEN LIGHT, N'EST-CE PAS ?

JE VAIS L'APPELER...

C'EST VRAI. LIGHT M'AIME TELLEMENT QU'IL SERA TRÈS INQUIET !

LIGHT VA BIEN. MÊME SI AUCUNE PREUVE N'ÉTAYE CETTE INFORMATION, SI LIGHT DÉCOUVRE QUE VOUS ÊTES EN DANGER, IL NE POURRA PAS SE CONCENTRER SUR SON TRAVAIL. EN FAIT, NOUS SOMMES VENUS ICI SANS LE LUI DIRE.

NOUS DEVONS ÊTRE CERTAINS QU'ELLE N'A PAS LE CAHIER NI AUTRE CHOSE EN MAIN QUAND UN CRIMINEL SE FAIT TUER APRÈS QU'ON A PARLÉ DE LUI AUX ACTUALITÉS.

MAIS JE NE SUIS PAS CONVAINCU POUR AUTANT QUE LE CAHIER NE SE TROUVE PAS ICI...

AIZAWA, J'AI REGARDÉ PARTOUT MAIS JE N'AI RIEN TROUVÉ QUI RESSEMBLE À UNE BOMBE.

BON... C'ÉTAIT DONC BIEN UN CANULAR...

TU PEUX RETOURNER AU Q.G., MOGI.

BON ! JE VAIS RESTER ICI.

MERCI !

POUR PLUS DE SÛRETÉ, L'UN DE NOUS DEUX RESTERA ICI PENDANT QUELQUES JOURS POUR VOUS PROTÉGER ET SURVEILLER CE QUI SE PASSE.

EUH...

CE N'EST PAS LE PROBLÈME. AVEC VOTRE NOUVELLE COUPE DE CHEVEUX, VOUS N'AVEZ PLUS RIEN D'UN MONCHICHI ! VOUS N'ÊTES PLUS MIGNON DU TOUT !

JE NE VOUS SEMBLE PAS ASSEZ FIABLE ? C'EST VRAI QUE MOGI EST PLUS COSTAUD, MAIS...

QUOI... C'EST MONCHICHI QUI VA RESTER ICI ?

JE VOUS JURE...

OUI ! DÉSOLÉ...

POURQUOI IL S'EXCUSE ?

ALORS, C'EST TOI QUI RESTERAS CHEZ MISA, MOGI. TU SAIS CE QUE TU DOIS FAIRE, N'EST-CE PAS ?

D'AC-CORD.

MATT, RESTE ICI. JE VAIS LE SUIVRE.

AH... JE RETIRE MA QUESTION. VOUS TROUVEREZ PEUT-ÊTRE BIZARRE QUE JE VOUS QUESTIONNE À CE SUJET.

ET DE QUOI AVEZ-VOUS PARLÉ ? QU'A DIT NEAR ?

... JE SUIS DÉSOLÉ DE DEVOIR REPASSER PAR LÀ, LIGHT, MAIS MOGI, IDE ET MOI-MÊME ALLONS DE NOUVEAU TE SURVEILLER JUSQU'À CE QUE NOUS SOYONS CERTAINS... ENFIN, JUSQU'À CE QUE KIRA SE FASSE ARRÊTER. MOGI EST DÉJÀ REVENU DE LOS ANGELES ET SE TROUVE EN CE MOMENT CHEZ AMANE. J'AI PARLÉ DE CECI À IDE ÉGALEMENT, IL NE DEVRAIT PAS TARDER À REVENIR.

TRÈS BIEN. PAS DE PROBLÈME. JE VAIS CONTINUER À GUETTER KIRA COMME JE L'AI FAIT JUSQU'À PRÉSENT.

JE VEUX CROIRE QUE TU N'ES PAS KIRA. OU PLUTÔT, JE VEUX EN AVOIR LA CERTITUDE. MAIS QUAND JE REPENSE À CE QUE DISAIT LE PREMIER L ET À CE QUE NEAR A DIT, JE NE PEUX PAS AFFIRMER CATÉGORIQUEMENT QUE TU N'ES PAS KIRA.

ALORS...

MIKAMI SE DÉBROUILLE BIEN MIEUX QUE JE L'AVAIS ESPÉRÉ, MAIS...

... SI JE NE PEUX PAS LE CONTACTER, JE NE PEUX PAS DONNER MES INSTRUCTIONS À DEMEGAWA...

QU'EST-CE QUE MOGI ET AIZAWA ONT DIT À NEAR ? QUE SAIT NEAR AU JUSTE ?... MAIS MON PLUS GRAND PROBLÈME, C'EST QUE JE NE PEUX PAS CONTACTER MIKAMI S'ILS ME SURVEILLENT.

...ET IL Y A AUSSI DES CHANCES QUE LE DEUXIÈME L SE TROUVE ICI. JE DOIS SURVEILLER CET ENDROIT SANS PERDRE MON CALME.

UN AUTRE JAPONAIS... FAIT-IL AUSSI PARTIE DU BUREAU D'ENQUÊTE ? SI C'EST LE CAS, CET IMMEUBLE A UN LIEN AVEC LE BUREAU D'ENQUÊTE JAPONAIS...

UNE FEMME ?

UNE JEUNE FEMME HABITE DANS L'APPARTEMENT OÙ EST ENTRÉ MOGI. ENFIN, C'EST PLUTÔT UNE FEMME-ENFANT.

BIP BIP BIP

QU'EST-CE QU'IL Y A, MATT ?

78

C'EST UNE JAPONAISE VACHEMENT MIGNONNE. ENFIN, CE QUE J'EN DIS, MOI... JE N'ARRIVE PAS À DÉTERMINER SON ÂGE, MAIS ELLE DOIT AVOIR ENTRE 14 ET 20 ANS.

ON POURRAIT LA PRENDRE POUR LA COPINE DE MOGI... ILS FONT DES ACHATS BRAS DESSUS, BRAS DESSOUS...

OU DU MOINS, ÉTAIT LE DEUXIÈME KIRA.

SI J'EN CROIS CE QUE M'A DIT HAL, CETTE FILLE EST LE DEUXIÈME KIRA.

OUI, TRÈS SÉRIEUX.

TU ES SÉRIEUX, MATT ?

O.K.

BON ! JE NE PEUX ENCORE RIEN FAIRE DE MON CÔTÉ, ALORS, ON VA COMMENCER AVEC CETTE FILLE.

TCHAK

79

AH ! "LE ROYAUME DE KIRA" VA COMMENCER !

ROYAUME de KIRA

ROYAUME de KIRA

KATCHAK
カチャ

KATCHAK
カチャ

...

C'EST MOI, DEMEGAWA, QUI SUPERVISE LA CONSTRUCTION DU BÂTIMENT.

ET MAINTENANT, REGARDEZ... GRÂCE AU SOUTIEN QUE VOUS M'ACCORDEZ TOUS, LA CONSTRUCTION DU ROYAUME DE KIRA, QUI EST D'AILLEURS LE TITRE DE CETTE ÉMISSION, EST EN BONNE VOIE.

CONTINUEZ À M'ENVOYER DES INFORMATIONS CONCERNANT CEUX QUI S'OPPOSENT À KIRA.

MOI, DEMEGAWA, J'AI ŒUVRÉ SANS RELÂCHE POUR FAIRE CONNAÎTRE LA PENSÉE DE KIRA, AFIN DE LUI FAIRE GAGNER PLUS DE PARTISANS.

MAIS IL NOUS MANQUE ENCORE DE L'ARGENT POUR TERMINER LA CONSTRUCTION. CONTINUEZ À NOUS AIDER POUR CONSTRUIRE LE ROYAUME DE KIRA !

LE BÂTIMENT ACHEVÉ
(prévision)

LE ROYAUME DE KIRA PEUT EXISTER GRÂCE À VOUS QUI ABHORREZ LE MAL ET QUI NOUS ENVOYEZ VOS DONS D'UNE VALEUR SUPÉRIEURE À 1 MILLION DE YENS*.

* ENVIRON 6050 EUROS.

ENSUITE, LE ROYAUME DE KIRA S'ÉTENDRA DE PLUS EN PLUS, ET FINALEMENT, LE MONDE ENTIER CONNAÎTRA LA PAIX GRÂCE À LA LOI ET À L'ORDRE INSTAURÉS PAR KIRA. CONSTRUISEZ CE ROYAUME AVEC MOI !

ICI, NOUS ET TOUS NOS SOLDATS, NOUS PROTÉGERONS KIRA, ET KIRA NOUS ACCORDERA SA PROTECTION EN RETOUR.

QUAND LA CONSTRUCTION SERA ACHEVÉE, NOUS ACCUEILLERONS TOUS ENSEMBLE KIRA DANS SON SANCTUAIRE.

OUI, ÇA A TOUT D'UNE ORGANISATION LOUCHE...

C'EST BIZARRE, CE N'EST PAS TROP LE GENRE DE KIRA... ÇA SENT L'ESCROQUERIE...

... DU MOMENT QU'ELLE NOUS FAIT UNE DONATION D'1 MILLION DE YENS.

PEU NOUS IMPORTE LA NATIONALITÉ OU LA RELIGION. TOUTE PERSONNE ADHÉRANT AUX IDÉAUX DE KIRA ET SOUHAITANT LA CRÉATION DE SON ROYAUME EST LA BIENVENUE.

JE N'AI PLUS BESOIN DE DEMEGAWA. JE DOIS RÉFLÉCHIR À UN MOYEN D'ENTRER EN CONTACT AVEC MIKAMI LE PLUS RAPIDEMENT POSSIBLE...

IL VA JUSTE RÉUSSIR À FAIRE FUIR LES GENS... J'AURAIS DÛ LE TUER QUAND IL N'A PAS SUIVI MES ORDRES PARCE QU'IL ÉTAIT AVEUGLÉ PAR L'ARGENT QUI TOMBAIT DU CIEL...

IDIOT DE DEMEGAWA... MAINTENANT QU'IL NE REÇOIT PLUS D'INSTRUCTIONS DE MISA, IL AGIT DE SA PROPRE INITIATIVE...

ET MAINTENANT, PERMETTEZ-MOI DE VOUS PRÉSENTER LES DIRIGEANTS DU ROYAUME DE KIRA.

E NE PEUX AS CROIRE UE KIRA AIT RDONNÉ À EMEGAWA D'AGIR DE A SORTE.

ACCUEILLIR KIRA DANS SON SANCTUAIRE...? À QUOI BON FAIRE APPARAÎTRE KIRA EN PUBLIC ?

C'EST MONS-TRUEUX...

KIRA LUI-MÊME N'A PAS RENDU LA JUSTICE DEPUIS QUELQUE TEMPS... EST-CE PARCE QU'IL EN EST INCAPABLE POUR LE MOMENT ? EST-CE POUR CETTE RAISON QU'IL M'A CONFIÉ LE CAHIER ? OU BIEN VEUT-IL QUE CE SOIT MOI QUI ME CHARGE ENTIÈREMENT DE CHÂTIER LE MAL DÉSORMAIS ?

SI KIRA M'A CONFIÉ CE CAHIER, IL Y A SÛREMENT UNE RAISON.

SI KIRA NE PEUT RENDRE LA JUSTICE NI DONNER SES INSTRUCTIONS À DEMEGAWA...

...

OUI...?

DIEU DE LA MORT...

LES PENSÉES DE KIRA...

J'AI ÉTÉ ÉLU PAR KIRA POUR APPLIQUER SA LOI... JE DOIS COMPRENDRE SES PENSÉES ET RÉPONDRE À SES ATTENTES...

DU POINT DE VUE D'UN ADULTE JAPONAIS ORDINAIRE, TERU MIKAMI ÉTAIT UN ENFANT CAPABLE DE FAIRE LA DISTINCTION ENTRE LE BIEN ET LE MAL ET POSSÉDANT UN SENS AIGU DE LA JUSTICE.

ET COMPARÉ AUX JAPONAIS EN GÉNÉRAL, TERU AVAIT CONNU BIEN PLUS DE MALHEURS.

PAGE 84. COÏNCIDENCES

IL AVAIT ÉTÉ LE TÉMOIN DE NOMBREUSES MORTS.

TERU ATTIRAIT-IL LA MORT, OU S'AGISSAIT-IL DE COÏNCIDENCES ?

NON... MÊME S'IL AVAIT SOUHAITÉ LA MORT DE CERTAINS, IL N'AVAIT, BIEN SÛR, JAMAIS TUÉ PERSONNE DE SES MAINS. IL S'AGISSAIT DE PURES COÏNCIDENCES.

SELON TERU,
L'HUMANITÉ
POUVAIT SE
RÉPARTIR EN
2 GROUPES :
LES BONS ET
LES MÉCHANTS,
LE BIEN ET
LE MAL,
OU ENCORE
LES AMIS ET
LES ENNEMIS.

DÈS
L'ENFANCE,
TERU
OBSERVA
SON
ENTOURAGE
ET EUT LE
LOISIR DE
BEAUCOUP
RÉFLÉCHIR.

C'ÉTAIT
UN GRAND
HONNEUR
POUR
TERU.

★ Chef de classe

TERU
MIKAMI 3ᵉ A

GRÂCE À
SON SENS DE
LA JUSTICE ET À
SES EXCELLENTS
RÉSULTATS,
TERU OCCUPA
LA FONCTION DE
CHEF DE CLASSE
PENDANT SES
ANNÉES D'ÉCOLE
PRIMAIRE ET
DE COLLÈGE.

Sujet
du jour

IL JURA
DE FAIRE DE
SA CLASSE
LA MEILLEURE
DE L'ÉCOLE,
ET MÊME
DE TOUT
LE JAPON.

TERU
AVAIT
TOUJOURS
DES
ENNEMIS.

LE MAL
ÉTAIT
TOUJOURS
PRÉSENT.

MAIS LE
SENS DE
LA JUSTICE
DE TERU
DÉRANGEAIT
CERTAINS
ÉLÈVES.

TERU SE BATTAIT CONTRE LE MAL.

MAIS, PARFOIS...

... MAIS JAMAIS IL NE RENIA SA VOCATION.

IL ARRIVA PARFOIS À TERU DE SENTIR LE REGARD FROID DES AUTRES ENFANTS...

C'EST CE QUE PENSAIENT SANS DOUTE LES GENS DE SON ENTOU-RAGE.

... ON AURAIT DIT QUE LA JUSTICE ÉTAIT VAINCUE.

EN EFFET...

QUELLES QUE SOIENT LES AVANIES QU'IL SUBISSAIT, IL ÉPROUVAIT TOUJOURS DE LA JOIE.

POUR CELA, IL NE MÉNAGEAIT JAMAIS SES EFFORTS.

CELA SUFFISAIT POUR QUE TERU CONTINUE À VOULOIR AIDER SON PROCHAIN.

... LES REMERCIEMENTS DE CEUX QU'IL PROTÉGEAIT FAISAIENT SON BONHEUR.

MAIS~

... IL S'AGISSAIT DE L'ÉCOLE PRIMAIRE. EN ENTRANT AU COLLÈGE, TERU RENCONTRA PLUS DE DIFFICULTÉS POUR DÉFENDRE LA JUSTICE.

... CE QUI LUI PROUVAIT QU'IL AVAIT RAISON D'AGIR COMME IL LE FAISAIT.

PARFOIS, LA TÉNACITÉ DE TERU VENAIT À BOUT DES AGRESSEURS. PARFOIS, PRESQUE TOUS LES ENFANTS DE LA CLASSE DEVENAIENT SES ALLIÉS...

MÊME LES SIMPLES SPECTATEURS, QUI N'ÉTAIENT NI VICTIMES NI AGRESSEURS, DEVENAIENT LES ENNEMIS DE TERU.

QUAND TERU AFFRONTAIT LE MAL, LE MAL SE RETOURNAIT CONTRE LUI ET CONTRE LA VICTIME.

C'EST AINSI QU'IL SE MIT À PENSER QUE LA SEULE FAÇON DE SAUVER LES VICTIMES, CE SERAIT DE SUPPRIMER LES AGRESSEURS.

MAIS TERU TENAIT BON, ESSAYANT DE FAIRE TRIOMPHER LA JUSTICE POUR SA CLASSE ET POUR LES VICTIMES.

BIENTÔT, PLUS PERSONNE NE SE RANGEA DU CÔTÉ DE TERU.

LES AGRES-SEURS POUS-SAIENT LES SPECTA-TEURS À MALMENER TERU ET LES VICTIMES. TOUS DEVENAIENT DES ENNEMIS.

IL DEVINT LA TÊTE DE TURC DE L'ÉCOLE.

TERU SE FIT TABASSER UN NOMBRE INCALCULABLE DE FOIS. ON LE PENDIT À UN ARBRE, ON LUI RETIRA TOUS SES VÊTEMENTS...

TERU, CROYANT QUE SA MÈRE ÉTAIT SON ALLIÉE, LUI CONFIA TOUTES SES RÉFLEXIONS.

LA SEULE PERSONNE QUI S'INQUIÉTAIT VRAIMENT POUR TERU ÉTAIT SA MÈRE, AVEC LAQUELLE IL VIVAIT SEUL.

... QU'ELLE AVAIT TORT ET QU'ELLE ÉTAIT INJUSTE.

ELLE AVAIT DIT CELA PARCE QU'ELLE S'INQUIÉTAIT POUR SON FILS, MAIS TERU PENSA...

... "LE MONDE NE PEUT PAS SE SOUMETTRE À TA SEULE VOLONTÉ. IL N'Y A AUCUN SENS À CONTINUER À TE FAIRE TABASSER COMME ÇA, ALORS, ARRÊTE."

MAIS SA MÈRE LUI RÉPON-DIT...

PUIS LE MIRACLE... OU PLUTÔT, LA COÏNCIDENCE, SE PRODUISIT.

À CE MOMENT-LÀ, TERU RENIA COMPLÈ-TEMENT SA MÈRE DANS SON CŒUR.

LUI, IL AVAIT RAISON.

... QUI N'AVAIENT PAS LEUR PERMIS, AVAIENT FAIT UNE VIRÉE EN VOITURE ET S'ÉTAIENT ÉCRASÉS CONTRE UN MUR. ILS ÉTAIENT MORTS TOUS LES QUATRE.

LES QUATRE ENNEMIS DE TERU...

PLUSIEURS PIÉTONS AVAIENT ÉTÉ BLESSÉS DANS L'ACCIDENT. PARMI EUX, UNE PERSONNE ÉTAIT MORTE.

IL S'AGIS- SAIT...

... DE LA MÈRE DE TERU.

... AVAIT EU LIEU EN UNE FOIS.

L'ÉLIMINATION DES GENS QUE TERU REJETAIT...

... IL ÉTAIT SÛR QUE L'ÉLIMINATION DE CES GENS AVAIT RENDU D'AUTRES PERSONNES HEUREUSES.

MAIS...

D'ABORD, TERU EUT ATROCEMENT PEUR. IL TREMBLA ET PLEURA.

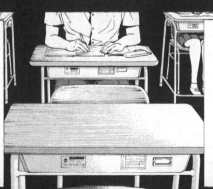

NON, C'ÉTAIENT TOUS LES ÉLÈVES DE LA CLASSE QUI DEVAIENT SE RÉJOUIR !

LA VICTIME DES QUATRE AGRESSEURS ÉTAIT SÛREMENT TRÈS HEUREUSE.

... ET DES VISAGES SOURIANTS ET CANDIDES.

TERU NE SE TROMPAIT PAS. QUELQUES JOURS PLUS TARD, IL TROUVA UNE CLASSE PAISIBLE...

SA CONVICTION QUE LE MAL DEVAIT ÊTRE ÉLIMINÉ N'EN DEVINT QUE PLUS FORTE.

CONFRONTÉ À CETTE RÉALITÉ, TERU EN VINT À SE DIRE QUE CEUX QUI COMMETTAIENT DE MAUVAISES ACTIONS ÉTAIENT PUNIS ET QU'IL DEVAIT EN ÊTRE AINSI.

... AVAIT AUSSI REMARQUÉ QU'IL Y AVAIT TOUJOURS DES GENS QUI NE MÉRITAIENT PAS D'EXISTER, OU PLUTÔT, QUI ÉTAIENT NUISIBLES À LA SOCIÉTÉ.

TERU, QUI AVAIT OBTENU DES NOTES EXCELLENTES AU LYCÉE ET À L'UNIVERSITÉ...

PENSANT AU BIEN DU MONDE, TERU DEVINT DE PLUS EN PLUS FERME DANS SES CONVICTIONS.

LES GENS QUI NE POUVAIENT PAS SE REPENTIR DEVAIENT ÊTRE ÉLIMINÉS DE CE MONDE.

CHAQUE FOIS QU'IL RENCONTRAIT UNE PERSONNE DE CE GENRE, TERU TENTAIT DE LA REMETTRE DANS LE DROIT CHEMIN, MAIS PLUS LA PERSONNE ÉTAIT ÂGÉE, MOINS ELLE ÉTAIT SUSCEPTIBLE DE SE REPENTIR.

UN INSTANT, TERU EUT PEUR DE LUI-MÊME.

DE PLUS, DES GENS DONT IL SOUHAITAIT L'ÉLIMINATION DISPARURENT BEL ET BIEN. NEUF PERSONNES FURENT AINSI SUPPRIMÉES.

MAIS QU'IL SOIT EXTRA-ORDINAIRE OU QU'IL S'AGISSE DU HASARD, PEU LUI IMPORTAIT.

LES DISPA-RITIONS QU'IL SOUHAITAIT SE PRODUI-SAIENT. ÉTAIT-IL EXTRA-ORDINAIRE ?

LE CHÂTIMENT S'ABATTAIT SUR LES GENS, C'ÉTAIT UNE NÉCESSITÉ ET AUSSI UNE VÉRITÉ.

CE QUI ÉTAIT SÛR, C'ÉTAIT QUE CEUX QUI COMMETTAIENT DE MAUVAISES ACTIONS ÉTAIENT PUNIS.

PUNIR LE MAL, TEL ÉTAIT LA JUSTICE.

PAR CONSÉQUENT, SI CERTAINS N'ÉTAIENT PAS PUNIS PAR LE CIEL, IL FALLAIT QUE QUELQU'UN LES PUNISSE À LA PLACE DU CIEL.

DANS CETTE SOCIÉTÉ, C'ÉTAIT AU PROCUREUR QUE REVENAIT LE RÔLE DE CONDAMNER LE MAL.

IL Y AVAIT ÉNORMÉMENT DE GENS QUI DEVAIENT ÊTRE PUNIS.

LE PROCUREUR ÉTAIT L'INCARNATION DE LA JUSTICE. TERU PENSA AVOIR TROUVÉ SA VOIE.

TRIBUNAL

COMME TERU AVAIT TOUJOURS ÉTÉ UN ÉTUDIANT BRILLANT, IL LUI FUT FACILE DE DEVENIR PROCUREUR.

ALORS, AU MOMENT OÙ TERU COMMENÇA À TRAVAILLER COMME PROCUREUR ~

KIRA S'ATTAQUE CETTE FOIS À UN PARLEMENTAIRE VÉREUX !

KIRA ?
ERNET
T DÉJÀ
ENTÉ

MEURTRES EN SÉRIE DE CRIMINELS DANGEREUX

DES MEURTRES MYSTÉRIEUX SE SUIVENT DANS LES PRISONS

... DIEU DESCENDIT DU CIEL.

ÉSORMAIS,
TERU ÉTAIT
ERTAIN QUE
E QUI S'ÉTAIT
SSÉ AUTOUR
DE LUI ÉTAIT
L'ŒUVRE
DE DIEU.

23 AUTRES DÉCÈDENT D'UN ARRÊT CARDIAQUE

UN NOMBRE DE VICTIMES INÉDIT

LES MEURTRES DE CRIMINELS NE S'ARRÊTENT PAS

DÉJÀ 13 PERSONNES

L'AVAIT
EMENT
ÉJÀ
SERVE
NS
ASSE.
IL LE
ARDAIT
TENANT,
IL LE
AISSAIT,
ERU
ÉTAIT
UR.

DIEU LE REGARDAIT, IL PUNISSAIT LE MAL POUR SOUTENIR TERU QUI N'AVAIT JAMAIS FLÉCHI.

TERU ÉTAIT FOU DE JOIE DE DÉCOUVRIR L'EXISTENCE D'UN DIEU QUI PROUVAIT QUE SA CONCEPTION DE LA JUSTICE ET SES CONVICTIONS ÉTAIENT JUSTES.

TERU S'EFFORÇA DE SE TROUVER PRÉSENT LE PLUS SOUVENT POSSIBLE AUX ENDROITS QUI POURRAIENT PRÉSENTER UN INTÉRÊT POUR DIEU.

PUIS, COMME IL L'ESPÉRAIT, DIEU LE RECONNUT ET L'ACCEPTA.

DIEU NE SE CONTENTA PAS DE LE RECONNAITRE, IL LUI CONFÉRA AUSSI DES POUVOIRS DIVINS.

TERU ÉTAIT AUTORISÉ À ÊTRE UN DIEU.

À l'attention de Teru Mikami
1-444-1-1012 Yoshi
Sakyo-ku, Kyoto-shi, K
Japon 606-830

TU ÉTAIS ENCORE LÀ...?

...!

TERU, JE T'AI DIT TOUT CE QUE J'AVAIS À TE DIRE, ALORS, JE RETOURNE CHEZ KIRA !

PUISQU'IL EN EST AINSI ET QUE DIEU SEMBLE SE REPOSER POUR L'INSTANT, JE DOIS RENDRE LA JUSTICE À SA PLACE.

ÉLIMINATION.

ÉLIMINATION.

ÉLIMINATION.

JE TE POSE ENCORE UNE FOIS LA QUESTION : TU ES UN DIEU DE LA MORT, MAIS TU N'ES PAS MON DIEU, C'EST ÇA ?

NON. TON DIEU, C'EST KIRA, PAS MOI.

DEATH NOTE
How to use it
Lv I

When you write multiple names in the DEATH NOTE and then write down even one cause of death within 40 human seconds from writing the first victim's name, the cause will take effect for all the written names.

Quand on inscrit plusieurs noms dans le cahier et qu'on écrit la cause de la mort dans les 40 secondes qui suivent l'inscription du nom de la première victime, cette cause s'applique à toutes les victimes.

Also, after writing the cause of death, even if the situation of death is written within 6 minutes and 40 seconds in the human world, that situation will only occur to the victims whom it is possible. For those where the situation is not possible, only the cause of death will occur.

Par ailleurs, une fois la cause de la mort inscrite, les circonstances de la mort, même si elles sont décrites avant 6 minutes et 40 secondes du monde des humains, ne se vérifieront que dans le cas des victimes pour lesquelles ces circonstances sont réalisables. Quand ces circonstances ne sont pas réalisables, seule la cause de la mort s'applique.

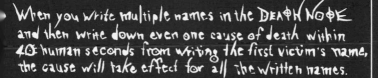

VOILÀ, VOILÀ !

MOCCHI ! C'EST PAS ENCORE PRÊT ?

OUI ?

MOCCHI~

LIGHT N'EST PAS AU COURANT, N'EST-CE PAS ? EH BIEN, JUSTEMENT, JE ME SENS MAL PAR RAPPORT À LUI QUE TU RESTES 24 HEURES SUR 24 AVEC MOI.

EUH...?

TU CUISINES BIEN, TU T'OCCUPES DE TOUT ET TU ME FACILITES LA VIE, MAIS ÇA FAIT 5 JOURS QUE TU ES LÀ, TU SAIS ?

OUI.

OUI...

MÊME SI LIGHT M'AIME ET A CONFIANCE EN MOI, S'IL APPREND QUE J'AI PASSÉ 5 JOURS EN TA COMPAGNIE ET QUE TU AS DORMI CHEZ MOI, IL RISQUE DE PENSER QUE JE LE TROMPE.

CETTE IDIOTE SERAIT LE DEUXIÈME KIRA ? MAIS JE NE VOIS PAS POUR QUELLE AUTRE RAISON MOGI RESTERAIT AVEC ELLE...

LE TYPE QUI A ASSASSINÉ SES PARENTS S'EST FAIT TUER PAR KIRA, C'EST UN FAIT, ET ELLE A FAIT DES DÉCLARATIONS DANS LE PASSÉ QUI SEMBLENT INDIQUER QU'ELLE EST UNE ADORATRICE DE KIRA, MAIS SI ELLE EST LE DEUXIÈME KIRA, ELLE DEVRAIT PLUTÔT ÉVITER DE FAIRE CE GENRE DE DÉCLARATIONS. JE NE PEUX VRAIMENT PAS CROIRE QUE CETTE FILLE TUE DES GENS AVEC UN CAHIER...

MANNEQUIN • MISA • PRÉSENTATION

PAS LA MOINDRE CHOSE À SIGNALER !

MATT ! COMMENT ÇA SE PASSE ?

Bip Bip

ENFIN, SI ELLE AVAIT FAIT L'ÉCHANGE DE L'ŒIL, CELA POUVAIT SUFFIRE À LA RENDRE INTÉRESSANTE POUR KIRA... N'EMPÊCHE, J'AI DU MAL À CROIRE QUE KIRA AIT RECOURS À UNE FILLE COMME ELLE...

108

CE QUI LAISSE SUPPOSER QUE LEUR Q.G. SE TROUVE BIEN DANS CET IMMEUBLE.

JUSQU'À PRÉSENT, ILS SE SONT FAIT LIVRER TOUTE LEUR NOURRITURE ET LE RESTE, ET NI AIZAWA NI LE JAPONAIS QUI EST ENTRÉ DANS L'IMMEUBLE APRÈS LUI N'EN SONT SORTIS.

IL NE SE PASSE RIEN DU TOUT.

MAIS C'EST VRAIMENT GONFLANT D'OBSERVER UN ENDROIT OÙ RIEN NE SE PASSE !

TCHIK TCHIK TCHIK

TCHIK TCHIK TCHIK

NEAR NE FAIT PAS MINE D'AGIR NON PLUS... ESPÈRE-T-IL QUE JE VAIS ALLER DIRECTEMENT CHEZ AMANE ET AIZAWA POUR REPRENDRE LE CAHIER ? DE TOUTE FAÇON, IL N'EST PAS QUESTION QUE JE TENTE QUOI QUE CE SOIT TANT QUE MOGI EST AVEC AMANE...

ALORS, ÉCHANGEONS NOS POSTES ! AU MOINS, TOI, TU SURVEILLES UNE JOLIE FILLE !

ARRÊTE, C'EST PAREIL POUR MOI. NÉANMOINS, SI L SE TROUVE LÀ, IL POURRAIT SE DIRE QUE LE S.P.K. A FAIT SUIVRE AIZAWA ET DÉCOUVERT LEUR Q.G. ET IL POURRAIT DÉCIDER DE DÉMÉNAGER. SI TU NE LES SURVEILLES PAS BIEN, TU RISQUES DE TE FAIRE AVOIR.

PAR AILLEURS, LA POLICE JAPONAISE A FOURNI DE FAUX INTITULÉS DE POSTES À TOUS LES MEMBRES DE SON PERSONNEL POUR DISSIMULER LEUR APPARTENANCE À LA POLICE.

LES DOCUMENTS INDIQUENT QUE LIGHT YAGAMI EST UN ÉTUDIANT DE L'UNIVERSITÉ TÔÔ, MAIS DEPUIS QU'IL A OBTENU SON DIPLÔME, PERSONNE NE L'A VU AUX COURS DE MASTER.

?

DE PLUS, QUAND J'AI DEMANDÉ À D'ANCIENS ÉTUDIANTS DE L'UNIVERSITÉ TÔÔ QUELLES IMPRESSIONS ILS CONSERVAIENT DE LIGHT QUAND IL ÉTAIT ÉTUDIANT, PLUSIEURS M'ONT PARLÉ D'UN FAIT SINGULIER.

LIGHT YAGAMI A REÇU DES LETTRES DE REMERCIEMENT DE LA POLICE EN 2000 ET EN 2002 POUR SES CONSEILS QUI ONT PERMIS DE RÉSOUDRE DES AFFAIRES. CECI ET LA POSITION DE SON PÈRE NOUS PERMETTENT D'ÊTRE À PEU PRÈS SÛRS QU'IL FAIT PARTIE DE LA POLICE.

LIGHT YAGAMI A OBTENU LES MEILLEURES NOTES À L'EXAMEN D'ENTRÉE. MAIS COMME UN AUTRE ÉTUDIANT, NOMMÉ HIDEKI RYÛGA (IL PORTAIT LE MÊME NOM QU'UNE STAR DE L'ÉPOQUE), AVAIT OBTENU LES MÊMES RÉSULTATS, LES DEUX GARÇONS ONT PRONONCÉ L'ALLOCUTION MARQUANT LE DÉBUT DES COURS.

HIDEKI RYÛGA SE TROUVAIT SOUVENT AVEC LIGHT YAGAMI.

ON M'A AUSSI DIT QU'EN JUIN 2004, ON AVAIT APERÇU HIDEKI RYÛGA, LIGHT YAGAMI ET MISA AMANE ENSEMBLE SUR LE CAMPUS. MAIS APRÈS CELA, PLUS PERSONNE NE SE SOUVIENT D'AVOIR VU RYÛGA.

MAIS IL NE RESTE PAS LA MOINDRE PHOTO DE RYÛGA.

À LA MÊME ÉPOQUE, LIGHT YAGAMI ET MISA AMANE ONT DISPARU PENDANT QUELQUES MOIS.

ENSUITE, LE DEUXIÈME KIRA, QUI POUVAIT CONNAÎTRE LE NOM DES GENS EN REGARDANT LEUR VISAGE, EST APPARU... PUIS KIRA ET LE DEUXIÈME KIRA SE SONT ASSOCIÉS.

TOUT SE TIENT...

POK POK

IL S'EST SERVI DU NOM D'UNE STAR POUR SE RAPPROCHER DE LIGHT YAGAMI, QU'IL SOUPÇONNAIT D'ÊTRE KIRA... IL PENSAIT QU'IL NE SE FERAIT PAS TUER AUSSI LONGTEMPS QUE KIRA NE TROUVERAIT PAS SON VÉRITABLE NOM, MAIS C'ÉTAIT UN PLAN PÉRILLEUX.

LE RAPPORT QUE NOUS AVONS REÇU DE CELUI QUI A SUIVI MOGI ET AIZAWA ET QUI MENTIONNE QUE CEUX-CI SONT IMMÉDIATEMENT ALLÉS CHEZ MISA AMANE APRÈS ÊTRE PARTIS D'ICI CORROBORE CETTE HYPOTHÈSE.

DE MÊME QUE LE FAIT QUE MISA AMANE EST LA FIANCÉE DE LIGHT YAGAMI...

ET PUIS HIDEKI RYÛGA... L...

LIGHT YAGAMI... KIRA... MISA AMANE... LE DEUXIÈME KIRA...

L

KIRA

113

... QUE D'UNE PREUVE...

JE N'AI PLUS BESOIN...

JE N'AI DONC PLUS QU'À ATTENDRE...

MOGI SURVEILLE SÛREMENT MISA AMANE, ET AIZAWA, LIGHT YAGAMI... S'ILS TROUVENT QUELQUE CHOSE, ILS ME CONTACTERONT SANS DOUTE...

SI JE ME METS À CROIRE QU'IL N'EST PAS KIRA, JE VAIS ME FAIRE AVOIR !

NON, JE ME TROMPE ! MÊME SI CE N'EST PLUS LE CAS DE MISA AMANE, LIGHT YAGAMI EST TOUJOURS KIRA.

LA PERSONNE QUI TUE AVEC LE CAHIER EST QUELQU'UN D'AUTRE, PEUT-ÊTRE MÊME QUE YAGAMI ET AMANE NE SONT PLUS KIRA. DANS CE CAS, JE DOIS TROUVER DES PREUVES INCRIMINANT CELUI QUI AGIT POUR LE MOMENT EN TANT QUE KIRA ET L'ARRÊTER...

MAIS COMME LES CRIMINELS ET DEMEGAWA SE SONT FAIT TUER APRÈS LE RETOUR DE MOGI ET D'AIZAWA À LEUR Q.G., JE NE DOIS PAS M'ATTENDRE À TROUVER DES PREUVES CONTRE AMANE OU YAGAMI...

LA FAUSSE RÈGLE DES 13 JOURS LUI A PERMIS DE FAIRE CROIRE À L QU'ILS ÉTAIENT INNOCENTS. ENSUITE, IL A TUÉ L... LIGHT YAGAMI... KIRA A ÉTÉ PLUS FORT QUE L : IL L'A VAINCU. SI JE N'ADMETS PAS CE FAIT, JE ME FERAI TUER.

METTONS EN REGARD LES ÉVÉNEMENTS QUI SE SONT PRODUITS JUSQU'À MAINTENANT ET L'HISTOIRE QUE M'A RACONTÉE AIZAWA À PROPOS DE L'ENFERMEMENT DE YAGAMI ET D'AMANE... L EST ALLÉ JUSQU'À LES FAIRE ENFERMER, MAIS YAGAMI S'EST SERVI DE HIGUCHI ET A CONVAINCU TOUT LE MONDE, À PARTIR, QUE LUI ET MISA N'AVAIENT RIEN FAIT ET QU'ILS N'ÉTAIENT DONC PAS KIRA, CE QUI A CONDUIT À LEUR LIBÉRATION.

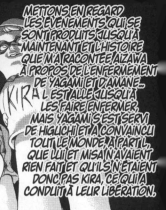

MÊME SI KIRA CONFIAIT SA MISSION À QUELQU'UN D'AUTRE, IL S'ASSURERAIT DE POUVOIR CONTRÔLER CET INDIVIDU. DU MOMENT QU'IL CONNAÎT LE NOM ET LE VISAGE DE CETTE PERSONNE, C'EST UNE CHOSE AISÉE. ENFIN, DANS LA SOCIÉTÉ ACTUELLE, IL Y A SÛREMENT BEAUCOUP DE GENS QUI ACCEPTERAIENT CETTE MISSION AVEC JOIE...

D'APRÈS CE QU'INDIQUENT LES PREMIERS ÉCHANGES ENTRE L ET KIRA, J'AI DU MAL À IMAGINER QUE KIRA, QUI EST SI FIER ET QUI DÉTESTE PERDRE, CÈDERAIT SA PLACE À QUELQU'UN D'AUTRE.

SI JE PEUX LE PROUVER, J'AURAI UNE PREUVE DÉTERMINANTE. SI SEULEMENT JE POUVAIS PRENDRE LE CAHIER ET ARRÊTER LA PERSONNE QUI TUE À LA PLACE DE KIRA EN MÊME TEMPS QUE LIGHT YAGAMI !...

IL EST EN CONTACT AVEC CELUI QUI TUE À SA PLACE ET IL LUI TRANSMET SES INSTRUCTIONS ! J'EN SUIS SÛR. LIGHT YAGAMI EST KIRA !

J'AI L'IMPRESSION QUE ÇA DEVIENT AMUSANT !

QUOI ? MATSUDA, CE QUE TU TROUVES AMUSANT N'EST JAMAIS AMUSANT !

LES CHAÎNES SONT PRÊTES À TOUT POUR AVOIR UNE AUDIENCE ÉLEVÉE. LE POURCENTAGE LE PLUS ÉLEVÉ ENREGISTRÉ PAR "LE ROYAUME DE KIRA" ÉTAIT DE 76 %, ALORS...

LA VALEUR BOURSIÈRE DE SAKURA TV A BEAUCOUP AUGMENTÉ QUAND DEMEGAWA EST DEVENU LE PORTE-PAROLE DE KIRA.

AH... PARDON, DEPUIS LA MORT DE DEMEGAWA, ON DIRAIT QUE TOUTES LES CHAÎNES DE TV DU JAPON ET DU RESTE DU MONDE SE DISPUTENT KIRA... JE TROUVAIS ÇA RIGOLO, ALORS...

C'EST CE QUE JE PENSAIS ! CE N'EST PAS DRÔLE DU TOUT !

116

C'EST VRAI ! PAS MAL !

JE ME DISAIS BIEN QUE LES CHAÎNES DE TÉLÉVISION AGIRAIENT DE CETTE FAÇON, MAIS MAINTENANT, MÊME LES ENTREPRISES DISENT DANS LEURS SPOTS PUBLICITAIRES QU'ELLES SONT POUR KIRA...!

EN TOUT CAS, LE MONDE EST VRAIMENT DEVENU EFFRAYANT.

BIEN SÛR QUE OUI ! JE VOULAIS JUSTE DIRE QUE CE SERA DIFFICILE SI PERSONNE NE VEUT COLLABORER AVEC NOUS.

QU'EST-CE QUE TU RACONTES, MATSUDA ? TU ES SÛR QUE TU VEUX ATTRAPER KIRA ?

Notre société soutient Kira.

ON DIRAIT QUE LE MONDE NE PEUT PLUS SE PASSER DE KIRA DÉSORMAIS.

C'EST PÉNIBLE, MAIS NOUS SOMMES FORCÉS DE RECONNAÎTRE QUE LE MONDE SE CONFORME DE PLUS EN PLUS À LA VOLONTÉ DE KIRA.

Notre société soutient Kira.

C'EST VRAI, LE FAIT EST QU'IL Y A DE MOINS EN MOINS DE GENS QUI SOUTIENNENT L DANS L'OMBRE.

JE NE SAIS PAS... MAIS TOUT CE QUE JE PEUX FAIRE POUR LE MOMENT, C'EST SURVEILLER LIGHT...

JE PENSE QUE TU DISSIMULES LE FAIT QUE TU ES KIRA, LIGHT.

SI LA RÈGLE DES 13 JOURS EST FAUSSE, ALORS TOUT EST CLAIR. LES COUPABLES, CE SONT EUX DEUX.

JE NE PEUX PAS VOIR LA DURÉE DE VIE D'UN HUMAIN QUI POSSÈDE UN CAHIER DE LA MORT. LIGHT... TU N'ES PAS KIRA... JE SUIS VRAIMENT SOULAGÉ!

MAIS TANT QU'AIZAWA, MOGI ET IDE ME SOUPÇONNENT ET ME SURVEILLENT, JE DOIS MANŒUVRER HABILEMENT.

SI NEAR A FAIT SUIVRE AIZAWA ET MOGI, IL SAIT QU'IL SE TROUVE ICI.

MAIS SI CETTE SITUATION SE PROLONGE, DES DIVERGENCES APPARAÎTRONT FORCÉMENT DANS NOS POINTS DE VUE. JE DOIS ABSOLUMENT LE CONTACTER AVANT QUE CELA SE PRODUISE.

MIKAMI A TUÉ DEMEGAWA AVANT QUE JE LUI EN AIE DONNÉ L'ORDRE. J'AURAIS FAIT PAREIL. ALORS, JE PENSE QU'IL AGIT COMME IL FAUT. LE MIEUX SERAIT PEUT-ÊTRE DE LE LAISSER AGIR À SA GUISE?

KIRA, SERS-TOI DE NOTRE CHAÎNE POUR TRANSMETTRE TES VOLONTÉS ET CHOISIS-MOI COMME PORTE-PAROLE !

OU BIEN EST-IL VRAIMENT POSSIBLE QUE KIRA NE PUISSE PAS AGIR POUR LE MOMENT ? MÊME SI C'EST LE CAS, IL NE FAUT PAS QUE L'ACTION DE KIRA S'ARRÊTE. C'EST LE MOMENT IDÉAL POUR CHANGER LE MONDE...

NON, C'EST UNE PÉRIODE IMPORTANTE POUR KIRA. IL LUI FAUT ABSOLUMENT UN PORTE-PAROLE POUR TRANSMETTRE SES IDÉES... M'AURAIT-IL AUSSI CONFIÉ LA TÂCHE DE LE TROUVER ?

POURQUOI KIRA NE DIT-IL RIEN ? TANT DE CHAÎNES SE SONT PROPOSÉES POUR SERVIR DE PORTE-PAROLE À KIRA... KIRA N'A-T-IL DONC PLUS BESOIN DE PORTE-PAROLE ?

...JE VAIS LUI DEMANDER LA PERMISSION D'AGIR.

ALORS, SI KIRA NE ME DONNE PAS SES INSTRUCTIONS...

CETTE CHAÎNE N'A JAMAIS EU DE PRINCIPES...

MALGRÉ LES 5 MORTS, ILS VEULENT CONTINUER...!

TIENS !? L'ÉMISSION "LE ROYAUME DE KIRA" EST TOUJOURS DIFFUSÉE !

Le ROYAUME de KIRA

Le ROYAUME de KIRA

CETTE EXPÉRIENCE NOUS A SERVI DE LEÇON. DÉSORMAIS, NOUS CONCENTRERONS TOUS NOS EFFORTS POUR CRÉER LE MONDE IDÉAL DE KIRA. NOUS PRIONS ARDEMMENT KIRA DE BIEN VOULOIR PASSER PAR SAKURA TV POUR TRANSMETTRE SA PAROLE AU MONDE.

M. DEMEGAWA A DÉTOURNÉ LES IDÉES DE KIRA CONCERNANT SON MONDE IDÉAL AFIN DE RASSEMBLER DES FONDS POUR CONSTRUIRE LE ROYAUME DE KIRA, ET CECI À DES FINS PERSONNELLES. C'EST AINSI QU'IL A ENCOURU LA COLÈRE DE KIRA QUI L'A PUNI.

CETTE PUNITION ÉTAIT BIEN MÉRITÉE, ET NOUS, MEMBRES DE SAKURA TV, PRÉSENTONS NOS EXCUSES À KIRA ET À TOUS LES TÉLÉSPECTATEURS QUI LE SOUTIENNENT.

Le ROYAUME

LE NOMBRE DES PARTISANS FERVENTS DE KIRA PRÉSENTS À CETTE ÉMISSION NE DIMINUE PAS, ET LE PLATEAU EST TOUJOURS COMBLE.

DEPUIS L'APPARITION DE KIRA, SAKURA TV L'A TOUJOURS SOUTENU, ET NOTRE FERVEUR N'A RIEN À ENVIER À CELLE DES AUTRES CHAÎNES.

ET LA CHAÎNE QUE CHOISIRA KIRA GAGNERA LES ÉLECTIONS, C'EST ÇA...!

MAINTENANT LES PROGRAMMES DE TOUTES LES CHAÎNES RESSEMBLENT À DES ÉMISSIONS POLITIQUES.

OUI.

LE NUMÉRO 19, MONSIEUR MIKAMI. AVEZ-VOUS QUELQUE CHOSE À DIRE À KIRA ?

EH BIEN, NOUS ALLONS DEMANDER À DES PERSONNES PRÉSENTES D'ADRESSER UN MESSAGE À KIRA.

MIKAMI ! TU ES ENCORE PRÉSENT À CETTE ÉMISSION...!?

JE SUIS CONVAINCU QUE LA FAÇON LA PLUS RAPIDE D'OBTENIR LA PAIX DANS LE MONDE EST D'APPLIQUER VOS ENSEIGNEMENTS ET VOTRE PENSÉE. JE VOUS EN SUPPLIE, FAITES-NOUS ENTENDRE VOTRE VOIX.

KIRA, JE SOUHAITE ARDEMMENT ENTENDRE DE NOUVEAU VOTRE VOIX ET CONNAÎTRE VOTRE PAROLE. JE SOUHAITE ÉGALEMENT SUIVRE VOTRE PAROLE ET RESPECTER VOS IDÉAUX.

TOUT À FAIT ! NOUS SOUHAITONS ARDEMMENT ENTENDRE LA PAROLE DE KIRA SUR SAKURA TV !

Sur Sakura TV

N'oublie pas cette précision !

LES ADORATEURS DE KIRA SONT EFFRAYANTS ...!

MIKAMI... TU VEUX QUE JE TE DONNE DES ORDRES...

SI KIRA NE NOUS TRANSMET PAS SA PAROLE...?

SI KIRA NE NOUS TRANSMET NI SA PAROLE NI SA VOLONTÉ...

MIKAMI... TU AS PRIS LE RISQUE D'APPARAÎTRE UNE NOUVELLE FOIS À LA TÉLÉVISION POUR OBTENIR LA PERMISSION DE KIRA... TA LOYAUTÉ ENVERS KIRA FORCE LE RESPECT...

... JE PENSE QU'IL EST NÉCESSAIRE QUE NOUS SOYONS CAPABLES D'ESTIMER CE QUE KIRA PENSE ET D'AGIR EN CONSÉQUENCE.

SI KIRA NE TRANSMET NI SA PAROLE NI SA VOLONTÉ...

NE VOUS EN FAITES PAS, KIRA SE SERVIRA SÛREMENT DE NOUVEAU DE SAKURA TV. JE VOUS REMERCIE, MONSIEUR MIKAMI...

QUELQU'UN D'AUTRE DÉSIRE-T-IL TRANSMETTRE UN MESSAGE À KIRA ?

... JE PRENDRAI LE SUCCESSEUR DE DEMEGAWA COMME PORTE-PAROLE...

KIRA... J'ATTENDRAI 3 JOURS. ET SI TU NE TE MANIFESTES PAS...

MAIS SAKURA TV NE VAUT RIEN. SI CELA CONTINUE, IL EST ÉVIDENT QU'ILS VONT, DE NOUVEAU SE DÉTOURNER DES IDÉAUX DE KIRA, COMME LA FAIT DEMEGAWA...

... AFIN DE LUI DONNER DIRECTEMENT MES INSTRUCTIONS POUR RÉPANDRE LA PAROLE DE KIRA DANS LE MONDE.

IL FAUT QUELQU'UN D'INSTRUIT ET DE SAGE... QUELQU'UN DE DISTINGUÉ, QUI TRANSMETTRA FIDÈLEMENT LA PAROLE DE KIRA AVEC CALME ET SANG-FROID.

JE CONNAIS LA PERSONNE QUI CONVIENT POUR CETTE MISSION. JE SAIS CE QU'ELLE PENSE DU CRIME GRÂCE AUX COMPTES RENDUS QU'ELLE A RÉDIGÉS À PROPOS DES AFFAIRES DONT J'ÉTAIS EN CHARGE COMME PROCUREUR. MAIS JE NE PEUX PAS LUI DIRE QUE MOI, TERU MIKAMI, J'AGIS AU NOM DE KIRA, IL FAUDRA FAIRE EN SORTE QU'ELLE CROIE QUE KIRA L'A CHOISIE ET QU'IL FAIT PRESSION SUR ELLE POUR QU'ELLE SOIT SON PORTE-PAROLE.

...

BRAVO KIRA !! BRAVO KIRA !!

KIRA ! REVIENS KIRA ! REVIENS

QUATRE JOURS PLUS TARD...

GÉNIAL!

?

SILENCE, MATSUDA!

...!

C'EST DÉCIDÉ ! LE NOUVEAU PORTE-PAROLE DE KIRA, C'EST TAKKI DE NHN !

LES JOURNAUX ONT DÉJÀ SORTI DES ÉDITIONS SPÉCIALES POUR ANNONCER LA NOUVELLE !

AH LÀ LÀ... ILS SONT TOUJOURS AUSSI COINCÉS SUR NHN ! MOI, JE PRÉFÉRAIS SAKURA TV...

KIRA A DEMANDÉ À NHN DE TRANSMETTRE SA PAROLE AU MONDE ENTIER. NOUS AVONS DÉCIDÉ, APRÈS UNE RÉUNION DES ADMINISTRATEURS, D'ACCEPTER SA DEMANDE. COMME IL L'A FAIT JUSQU'À PRÉSENT, KIRA A ANNONCÉ LA MORT DE QUELQU'UN POUR PROUVER QU'IL N'ÉTAIT PAS UN IMPOSTEUR.

TAKKI DE NHN ?

MATSUDA !

DÉSORMAIS, TOUS LES ÊTRES HUMAINS VIVANT SUR CETTE TERRE SERONT SUSCEPTIBLES D'ENCOURIR LE CHÂTIMENT DE KIRA. CECI ÉTAIT LE MESSAGE QUE J'AVAIS À VOUS TRANSMETTRE AUJOURD'HUI.

KIRA NE TOLÉRERA PAS LE MOINDRE CRIME. KIRA N'ACCEPTERA PAS CEUX QUI NUISENT AUX AUTRES D'UNE FAÇON BASSE ET STUPIDE, MÊME SI LEURS ACTES NE SONT PAS CONSIDÉRÉS COMME DES CRIMES PAR LE DROIT ACTUEL.

KIYOMI TAKADA

...À LA PENSÉE DE KIRA,

ELLE ADHÈRE PLUS OU MOINS...

KIYOMI TAKADA...

EN PASSANT PAR MOI, NHN TRANSMETTRA AVEC ÉQUITÉ ET SÉRIEUX VOS AVIS ET VOS INFORMATIONS À KIRA.

KATCHAK

KATCHAK

PAGE 86. JAPON

DÉBAT SUR LE 21e SIÈCLE : RECONSTRUIRE LE JAPON

EN TANT QUE PRÉSENTATRICE DE NHN, ELLE S'EST PARFAITEMENT ACQUITTÉE DE SA TÂCHE, MAIS QUAND LA DISCUSSION A PORTÉ SUR KIRA, L'ÉCLAT DE SES YEUX A CHANGÉ.

L'ANNÉE DERNIÈRE, ELLE A ANIMÉ UN DÉBAT ENTRE DES PERSONNES ACTIVES D'UNE VINGTAINE D'ANNÉES.

IL ÉTAIT CLAIR QU'ELLE RALLIAIT LES IDÉAUX DE KIRA. C'EST LA SEULE... LA MEILLEURE PERSONNE POUR SERVIR DE PORTE-PAROLE À KIRA.

PAR LA SUITE, NOUS NOUS SOMMES REVUS À L'OCCASION DE DIVERSES AFFAIRES ET NOUS NOUS SOMMES BIEN ENTENDUS. NOUS AVONS MÊME DISCUTÉ EN TÊTE-À-TÊTE, ET...

SANS DOUTE EST-CE PARCE QUE JE SUIS PROCUREUR QU'ELLE A PU ME PARLER À CŒUR OUVERT.

PENDANT LA PAUSE, ELLE M'A CONFIÉ SES IDÉES RADICALES CONCERNANT LA CRIMINALITÉ ET LES MAUX DE NOTRE SOCIÉTÉ.

TOUTEFOIS, ELLE NE CONSTITUE PAS UN MAUVAIS CHOIX POUR TRANSMETTRE LA PAROLE DE KIRA DANS LE MONDE. MIKAMI A BIEN RÉFLÉCHI AVANT DE LA CHOISIR. D'UN AUTRE CÔTÉ, COMME JE LA CONNAIS, JE N'AURAIS JAMAIS PENSÉ À LA CHOISIR. TAKADA POURRA PEUT-ÊTRE ME FACILITER LES CHOSES...

TAKADA KIYOMI... C'EST ELLE QU'A CHOISIE MIKAMI... IL NE POUVAIT PAS SAVOIR QUE NOUS NOUS CONNAISSIONS, ALORS, C'EST UNE SIMPLE COÏNCIDENCE...

MAIS SI JE TIRE HABILEMENT PARTI DE CETTE COÏNCIDENCE, JE POURRAI CONVAINCRE LES AUTRES DE MON INNOCENCE ET ENTRER EN CONTACT AVEC MIKAMI...

SI LES AUTRES FONT DES RECHERCHES SUR ELLE, ILS DÉCOUVRIRONT PEUT-ÊTRE QUE NOUS NOUS CONNAISSONS. DANS LE TEMPS, RYÛZAKI EST MÊME VENU À LA FAC POUR ENQUÊTER SUR MISA ET MOI. IL NE FAUDRAIT PAS S'ÉTONNER QUE LE NOM DE TAKADA FIGURE SUR LA LISTE DES GENS QUE JE FRÉQUENTAIS.

CETTE FILLE...

ELLE SE TROUVAIT À L'UNIVERSITÉ AVEC LIGHT, J'EN SUIS SÛR!

PUISQUE MOGI EST RESTÉ UNE BONNE SEMAINE AVEC MISA, NEAR DOIT MAINTENANT CONNAÎTRE SON EXISTENCE. DANS CE CAS, IL EST FORT PROBABLE QUE NEAR EST ARRIVÉ À LA CONCLUSION QUE LIGHT YAGAMI EST LE L ACTUEL.

SI JE VEUX TUER NEAR ET MELLO, JE DOIS ENTRER EN CONTACT AVEC MIKAMI.

LIGHT, JE SORS UN MOMENT AVEC MOGI POUR FAIRE QUELQUES ACHATS. TU VEUX QUELQUE CHOSE ?

NON, JE N'AI BESOIN DE RIEN...

S'IL EN EST AINSI, J'AI INTÉRÊT À Y ALLER PLUS FRANCHEMENT.

ET POUR CELA, RIEN DE TEL QUE LE JAPON.

À CAUSE DE NEAR, TOUT LE MONDE, À PART MATSUDA, SEMBLE DOUTER DE MON INNOCENCE, MAIS JE POURRAI FACILEMENT LES DUPER. JE VAIS ME SERVIR DE TAKADA POUR FAIRE AGIR MIKAMI CONFORMÉMENT À LA VOLONTÉ DE KIRA...

IDE, JE COMPTE SUR TOI.

OUI...

MÊME APRÈS LE DÉPART DE MOGI DE CHEZ MISA ET SON RETOUR AUPRÈS D'AIZAWA, RIEN N'A CHANGÉ. LES ASSASSINATS CRIMINELS SE SONT POURSUIVIS ET NHN A REÇU DES MESSAGES DE KIRA TOUS LES JOURS...

MISA A PEUT-ÊTRE ÉTÉ LE DEUXIÈME KIRA DANS LE PASSÉ, MAIS PLUS MAINTENANT. NEAR A DÛ DEMANDER À HAL DE M'INFORMER DES ACTIONS DE MOGI ET D'AIZAWA PARCE QU'IL ESPÉRAIT QUE J'ENTRERAIS EN CONTACT AVEC MISA...

SI JE DOIS AGIR, CE N'EST PAS CONTRE CETTE FILLE, MAIS PLUTÔT CONTRE LIGHT...

LE FILS DE SOICHIRO YAGAMI SE PRÉNOMME ÉGALEMENT LIGHT. LES ACTIONS DE NEAR, DE MOGI ET D'AIZAWA AINSI QUE LES CONVERSATIONS QUE J'AI ENTENDUES ME PORTENT À CROIRE QUE LIGHT EST LE L ACTUEL. OUI, CELA ME SEMBLE RAISONNABLE.

MAIS ELLE PARLE SOUVENT DANS SES CONVERSATIONS AVEC MOGI D'UN CERTAIN LIGHT QUI SEMBLE ÊTRE SON AMOUREUX...

SI CE QUE M'A DIT HAL EST EXACT, IL EST INUTILE DE MENACER UNE FILLE QUI N'A RIEN MANGÉ NI BU PENDANT PLUSIEURS JOURS, ET QUI EST MÊME ALLÉE JUSQU'À DEMANDER QU'ON LA TUE...

MOGI ET AIZAWA SONT SORTIS.

QU'EST-CE QU'IL Y A, MATT ?

BIP BIP BIP

TCHAK

J'IGNORE DE QUOI ILS PARLENT, MAIS ILS M'ONT L'AIR UN PEU TROP PRÉOCCUPÉS POUR DES GENS QUI BAVARDENT SIMPLEMENT.

OUI.

JE PENSE COMME TOI QU'AMANE N'AGIT PAS EN TANT QUE KIRA...

... MAIS DIS-MOI PLUTÔT CE QUI TE PRÉOCCUPE.

...

BON, SURTOUT NE LES PERDS PAS !

D'AC-CORD.

TU NE DOIS PAS EN PARLER À IDE.

AH BON...!

L EST LA SEULE PERSONNE À QUI J'EN AI PARLÉ, À L'ÉPOQUE OÙ LIGHT ÉTAIT À L'UNIVERSITÉ. ON RACONTAIT QU'À PART AMANE, LIGHT SORTAIT AUSSI AVEC KIYOMI TAKADA QUI TRAVAILLE MAINTENANT CHEZ NHN.

!

NON... MÊME SI LIGHT EST KIRA, CE SERAIT UN PEU BIZARRE QU'IL PRENNE COMME PORTE-PAROLE QUELQU'UN QUI RISQUE D'ATTIRER L'ATTENTION SUR LUI, UNE EX, PAR EXEMPLE. ÇA VAUT AUSSI POUR AMANE. NON, JE NE COMPRENDS PAS... EN PLUS, JE N'AI PAS L'IMPRESSION QUE LIGHT ENVOIE DES MESSAGES À QUELQU'UN EN TANT QUE KIRA... PEUT-ÊTRE IMAGINONS-NOUS TROP DE CHOSES ?

MAIS LIGHT N'A JAMAIS DIT QU'IL LA CONNAISSAIT, CAR...

C'EST LIGHT.

Bip Bip Bip

136

TRÈS BIEN. NOUS FERONS NOS ACHATS PLUS TARD. NOUS ARRIVONS TOUT DE SUITE !

JE DOIS VOUS PARLER DE QUELQUE CHOSE D'IMPORTANT POUR L'ENQUÊTE. REVENEZ ICI LE PLUS VITE POSSIBLE AVEC MOGI.

JE PENSE QUE NOUS DEVRIONS RENTRER AU JAPON POUR POURSUIVRE NOTRE ENQUÊTE.

DE NOMBREUX ÉLÉMENTS M'ONT AMENÉ À LA CONCLUSION QUE KIRA SE TROUVE AU JAPON COMME NOUS LE PENSIONS AU DÉBUT.

MAIS CE N'EST PAS TOUT...

OUI, JE PENSE COMME TOI.

MOI AUSSI.

BIEN SÛR, IL EST ÉGALEMENT IMPORTANT DE CAPTURER MELLO, ET JE NE COMPTE PAS Y RENONCER, MAIS LA PRIORITÉ DOIT ÊTRE DONNÉE À LA CAPTURE DE KIRA.

QUAND J'ÉTAIS À L'UNIVERSITÉ, J'ÉTAIS ASSEZ INTIME AVEC KIYOMI TAKADA, LA PRÉSENTATRICE DE NHN QUI EST LA PORTE-PAROLE DE KIRA.

INTIME, HEIN...? KHUH HUH !

SI KIRA LUI DONNE SES INSTRUCTIONS ET LUI FAIT LIRE SES MESSAGES À LA TV, J'ESTIME QUE LE MEILLEUR MOYEN POUR ARRIVER JUSQU'À KIRA EST DE PASSER PAR ELLE.

MAIS SI TAKKI AGIT AINSI, C'EST SÛREMENT PARCE QUE KIRA FAIT PRESSION SUR ELLE, ET PEUT-ÊTRE QU'ELLE NE VOUDRA PAS COLLABORER AVEC NOUS POUR LA CAPTURE DE KIRA PARCE QU'ELLE A PEUR DE LUI !

C'EST VRAI. ET MÊME SI CE N'EST PAS LE CAS, ELLE EST SÛREMENT SURVEILLÉE PAR LES ADORATEURS DE KIRA, IL NE DOIT PAS ÊTRE FACILE DE L'APPROCHER.

OUI.

ALORS IL NE DISSIMULAIT PAS CE FAIT, MAIS IL RÉFLÉCHISSAIT AU TOUR À DONNER À L'ENQUÊTE.

IL EST DRÔLEMENT SÛR DE LUI...!

NE VOUS INQUIÊTEZ PAS POUR ÇA. J'AI TOUJOURS SON NUMÉRO DE PORTABLE, ET SI JE LUI DIS QUE JE VEUX LA VOIR, ELLE SERA D'ACCORD DE ME RENCONTRER, JE VOUS LE GARANTIS.

C'EST VRAI. ELLE REFUSERA SÛREMENT DE COOPÉRER.

OUI, MAIS MÊME SI TU ARRIVES À LA VOIR, JE NE PENSE PAS QU'ELLE NOUS AIDERA À CAPTURER KIRA, COMME L'A FAIT REMARQUER MATSUDA...

... UNE FERVENTE PARTISANE DE KIRA.

QUAND NOUS ÉTIONS ÉTUDIANTS, NOUS AVONS BEAUCOUP DISCUTÉ, QU'IL S'AGISSE DE SUJETS FRIVOLES OU DE QUESTIONS SÉRIEUSES. NOUS AVONS AUSSI BEAUCOUP PARLÉ DE KIRA, QUI CONSTITUAIT LE SUJET LE PLUS IMPORTANT À L'ÉPOQUE, ET ELLE ÉTAIT...

CTUELLEMENT, LA POLICE JAPONAISE DIT QU'ELLE PPROUVE KIRA, AIS EN RÉALITÉ, LLE S'ABSTIENT RTOUT D'AGIR, DE FAÇON À NE PAS LE FÂCHER.

UNE ADORATRICE DE KIRA... NOUS DEVONS EN TIRER PARTI...

J'EN SUIS SÛR. SIMPLEMENT, ELLE VEILLE À NE PAS LE MONTRER À TOUT LE MONDE.

UNE PARTISANE DE KIRA... ON NE DIRAIT PAS, COMME ÇA...

JE VAIS LUI DIRE QUE LA POLICE AFFIRME OUVERTEMENT SOUTENIR KIRA, MAIS QU'ELLE NE FAIT RIEN EN RÉALITÉ, ET JE VAIS LUI DEMANDER DE S'ADRESSER À KIRA POUR QU'IL NOUS INDIQUE CE QUE NOUS DEVONS FAIRE. PUISQU'ELLE EST UNE DE SES ADORATRICES, JE NE PENSE PAS QUE CETTE DEMANDE LA DÉRANGERA.

JE VAIS LUI DIRE QUE JE FAIS PARTIE DE LA POLICE... OU PLUTÔT, NON. COMME ELLE EST INTELLIGENTE ET QU'ELLE AVAIT DES SENTIMENTS POUR MOI, ELLE DOIT SAVOIR QUE JE SUIS ENTRÉ DANS LA POLICE.

!

COMPTEZ SUR MOI. JE PARLERAI AVEC ELLE DIRECTEMENT.

MAIS... TU PENSES QUE ÇA MARCHE-RA ?

D'AC-CORD...

ENSUITE, NOUS ATTENDRONS LES ORDRES QUE KIRA DONNERA À LA POLICE. NOUS AURONS AINSI UNE OCCASION DE NOUS RAPPROCHER DE LUI, MÊME SI TAKADA NOUS SERT D'INTERMÉDIAIRE.

TANT QUE NOUS AURONS LE CAHIER, IL NE FAUT À AUCUN PRIX QUE MELLO SACHE OÙ NOUS SOMMES.

ET PUIS, EN CE QUI CONCERNE NOTRE RETOUR AU JAPON, JE VOUDRAIS QUE NEAR NE SACHE PAS OÙ NOUS SERONS. PARCE QUE SI NEAR CONNAÎT CET ENDROIT, IL Y A UN RISQUE QUE MELLO EN SOIT ÉGALEMENT INFORMÉ.

PAS DE PROBLÈME. D'AILLEURS, JE PRÉFÈRE QUE VOUS NOUS ÉCOUTIEZ. IL Y AURA PEUT-ÊTRE DANS SES PAROLES UNE PISTE NOUS MENANT À KIRA.

LIGHT... JE PENSE QUE C'EST UN BON PLAN, MAIS IL FAUT QUE TU NOUS LAISSES ENTENDRE TA CONVERSATION AVEC TAKADA.

ENTENDU.

D'AC-CORD...

NOUS PRENDRONS DE NOUVEAU DES VOLS DIFFÉRENTS, AIZAWA ET MOI, MATSUDA ET IDE, ET MOGI ET MISA, EN ÉTANT TRÈS ATTENTIFS À CE QUE L'ON NE NOUS SUIVE PAS. NOUS ARRIVERONS DONC SÉPARÉMENT AU JAPON.

GWOOOO

NEAR, À PROPOS DE KIYOMI TAKADA, LA PRÉSENTATRICE DE NHN...

JE NE PEUX PAS CROIRE QU'IL S'AGISSE D'UNE COÏNCIDENCE.

JE NE PEUX RIEN AFFIRMER, MAIS LEUR RELATION SEMBLAIT PLUS INTIME QU'UNE SIMPLE RELATION AMICALE AUX YEUX DES GENS DE LEUR ENTOURAGE.

TRÈS PROCHE ?

...

ELLE FRÉQUENTAIT LA MÊME UNIVERSITÉ QUE LIGHT À LA MÊME ÉPOQUE. SES RÉSULTATS ÉTAIENT EXCELLENTS, ET APPAREMMENT, ELLE ÉTAIT TRÈS PROCHE DE LIGHT YAGAMI.

...

MAIS LA RELATION DE LIGHT AVEC AMANE A ÉGALEMENT DÉBUTÉ QUAND IL ÉTAIT À L'UNIVERSITÉ...

À PREMIÈRE VUE, IL EST PLUS FACILE DE PRENDRE CONTACT AVEC UNE ANCIENNE CONNAISSANCE. MAIS AIZAWA, QUI ÉTAIT CENSÉ ME PRÉVENIR SI YAGAMI AVAIT DES CONTACTS AVEC TAKADA, NE L'A PAS FAIT.

LE PORTE-PAROLE DE KIRA EST QUELQU'UN QUI A ÉTÉ TRÈS PROCHE DE LIGHT YAGAMI DANS LE PASSÉ... MAIS LE MOMENT EST PLUTÔT MAL CHOISI POUR PRENDRE QUELQU'UN COMME ELLE COMME PORTE-PAROLE...

ET PUIS, DE TOUTE FAÇON, KIRA A CHOISI TAKADA COMME PORTE-PAROLE APRÈS LA MORT DE DEMEGAWA...

JE VAIS ESSAYER, MAIS...

COMMANDANT RESTER, POUVEZ-VOUS APPROCHER TAKADA ?

J'AI COMPRIS... EN FAIT, YAGAMI N'ARRIVE PEUT-ÊTRE PAS À JOINDRE LA PERSONNE QUI A LE CAHIER, À CAUSE DE LA SURVEILLANCE D'AIZAWA ET DES AUTRES... OUI, C'EST PEUT-ÊTRE ÇA, ALORS, QUE VA FAIRE YAGAMI DANS CETTE SITUATION ?

SI YAGAMI N'A PAS CONTACTÉ TAKADA, CELA SIGNIFIE QU'IL S'EST ARRANGÉ POUR QUE LE DÉTENTEUR ACTUEL DU CAHIER CONTACTE TAKADA ET POUR QU'IL LUI DONNE SES INSTRUCTIONS... POURQUOI A-T-IL CHOISI QUELQU'UN QUI AVAIT UN RAPPORT AVEC LUI ?

SI POUR LES ADORATEURS, KIRA EST UN DIEU, ALORS, TAKADA EST UNE DÉESSE...

... COMME C'ÉTAIT LE CAS POUR DEMEGAWA, ELLE EST TRÈS SURVEILLÉE... C'EST PEUT-ÊTRE PARCE QUE C'EST UNE FEMME, MAIS LES ADORATEURS DE KIRA QUI LA PROTÈGENT SONT ENCORE PLUS NOMBREUX QUE DU TEMPS DE DEMEGAWA.

MAIS AIZAWA ET MOGI CONNAISSENT MON VISAGE. ILS RISQUENT DE PRÉVENIR L S'ILS M'APERÇOIVENT.

JE RÉUSSIRAI PEUT-ÊTRE À M'APPROCHER D'ELLE EN ME MÊLANT À LA FOULE DE SES ADMIRATEURS.

CELA NE SEMBLE PAS LUI DÉPLAIRE, ELLE A DES MANIÈRES DE REINE...

NE VOUS INQUIÉTEZ PAS POUR ÇA.

VOUS AVEZ DIT QU'ELLE AVAIT EU D'EXCELLENTS RÉSULTATS, MAIS IL NE S'AGIT QUE DE NOTES. EN FAIT, C'EST UNE VRAIE CRUCHE.

ET PUIS, SI L RECOIT CETTE INFORMATION ET QUE VOUS MOUREZ, CELA SIGNIFIERA QUE L EST KIRA. JE N'IMAGINE PAS KIRA FAIRE UNE CHOSE PAREILLE AVANT DE SAVOIR QUI NOUS SOMMES, MELLO ET MOI, À MOINS QU'IL NE SE TROUVE POUSSÉ DANS SES DERNIERS RETRANCHEMENTS.

ILS N'ONT AUCUNE RAISON DE GÊNER NOTRE ENQUÊTE. JE SUIS SÛR QU'ILS NE DIRONT PAS À L QUE VOUS APPARTENEZ AU S.P.K.

SPLASSH

TRÈS BIEN...

JE SUIS QUASIMENT SÛR QUE CELUI QUI INSCRIT LES NOMS DANS LE CAHIER SE TROUVE AU JAPON. LE CHOIX DES VICTIMES ET DE L'EMPLOYÉE DE NHN COMME PORTE-PAROLE NOUS L'INDIQUE CLAIREMENT.

TOUT SE RÉGLERA AU JAPON.

MAINTENANT, IL VA DEVOIR AGIR.

GEVANNI, LIDNER, POUVEZ-VOUS VOUS RENDRE AU JAPON ?

!

SPLASSH

Bip Bip

?

AILE SUD : ARRIVÉES
SOUTH WING ARRI

AÉRO-PORT DE NARITA

:55   TORON
:15   LONDON
:30   SEOUL
:55   VANCOUVER
:55   CHE JU
:00   HONOLULU
:10   RIO DE JANEIRO
:15   HONOLULU
:55   HONOLULU
:10   SAN FRANCISCO
:15   DALLAS FORTH WORTH
:20   HONG KONG
:20   DETROIT
:25   LOS ANGELES

TAKADA, C'EST YAGAMI.

♪

TAKADA, JE DOIS TE DIRE QUELQUE CHOSE D'IMPORTANT. JE SAIS DANS QUELLE SITUATION TU TE TROUVES, MAIS PEUX-TU VENIR ME RETROUVER CHEZ MOI ? C'EST TRÈS IMPORTANT.

COMME ÇA FAIT LONGTEMPS ! QUE SE PASSE-T-IL ?

LIGHT YAGAMI ...?

CELA ME GÊNE UN PEU DE ME RENDRE CHEZ TOI. TU SORS TOUJOURS AVEC ELLE, SI JE NE ME TROMPE ?

YAGAMI... SI JE M'EN SOUVIENS BIEN, TU VIVAIS AVEC MISA AMANE, N'EST-CE PAS ?

CHE... LUI...

...

...

EN FAIT, JE PENSE QU'ELLE N'EST PAS ASSEZ INTELLIGENTE POUR ÊTRE MA PARTENAIRE...

PFF ! LES FEMMES SONT VRAIMENT NAÏVES !!!

DEATH NOTE
How to Use it
LVII

In the DEATH NOTE you cannot set the death date longer than the victim's original life span. Even if the victim's death is set in the DEATH NOTE beyond his/her original life span, the victim will die before the set time.

Avec le death note, il est impossible de fixer la date de la mort d'une personne au-delà de sa durée de vie prévue. Même si on le fait, la victime mourra avant cette date.

COMME AIZAWA ET LES AUTRES ME SURVEILLENT, LE SEUL MOYEN D'ENTRER EN CONTACT AVEC MIKAMI EST DE PASSER PAR TAKADA. JE DOIS ÊTRE PRUDENT.

TU M'APPELLES SOUDAIN APRÈS TOUT CE TEMPS... DE QUOI VEUX-TU ME PARLER ?

TU AS RAISON. JE SUIS GONFLÉ DE T'APPELER COMME ÇA, TOUT D'UN COUP, POUR TE DEMANDER QUELQUE CHOSE... PARDONNE-MOI.

CONTRAIREMENT À MISA, TAKADA A DE L'AMOUR-PROPRE. LE TOUT EST D'ARRIVER À CHATOUILLER CET AMOUR-PROPRE SANS LA VEXER...

D'ABORD, JE DOIS ÉTABLIR UNE RELATION DE CONFIANCE AVEC TAKADA DE FAÇON À POUVOIR LUI FAIRE FAIRE TOUT CE QUE JE VEUX ENSUITE...

PAGE 87. DEMAIN

MAIS SI JE NE ME TROUVAIS PAS DANS CETTE SITUATION, TU NE M'AURAIS PEUT-ÊTRE PAS APPELÉE, N'EST-CE PAS ?

...

MAINTENANT, TU ES LA FEMM LA PLUS EN VU DANS LE MOND QUELQU'UN COMME MOI NE PEUT SANS DOUTE PAS PARLER EN TÊTE-À-TÊTE AVEC TOI...

ET VOILÀ ! LIGHT PARLE DU DESTIN AVEC UNE FEMME. TOUJOURS LE MÊME VIEUX TRUC !

APRÈS AVOIR TERMINÉ L'UNIVERSITÉ, JE N'AI PAS EU L'OCCASION DE TE PARLER, MÊME SI J'EN AVAIS ENVIE... MAIS SI NOUS POUVONS DE NOUVEAU NOUS VOIR, MÊME SI C'EST POUR LE TRAVAIL, MAINTENANT QUE NOUS TRAVAILLONS TOUS LES DEUX... JE NE PEUX PAS M'EMPÊCHER DE PENSER QUE C'EST NOTRE DESTIN.

NON, SANS DOUTE PAS.

...?! ...!

151

JE FAIS PARTIE DE LA POLICE.

ELLE FAIT SEMBLANT D'IGNORER QUE JE TRAVAILLE DANS LA POLICE... ELLE A VRAIMENT SA FIERTÉ!

ET QUEL TRAVAIL FAIS-TU MAINTENANT ?

POUR LE TRAVAIL ? YAGAMI EST ENTRÉ DANS LA POLICE... MAIS, MAINTENANT, LA POLICE NE S'OPPOSERA SANS DOUTE PLUS À KIRA...

BON... JE NE POURRAI PEUT-ÊTRE PAS T'AIDER, MAIS J'ÉCOUTERAI CE QUE TU AS À ME DIRE.

C'EST POUR ÇA QUE J'AI QUELQUE CHOSE D'IMPORTANT À TE DIRE. MAIS RIEN QUI PUISSE NUIRE À LA SITUATION DU MONDE OU À LA TIENNE.

OÙ POUVONS-NOUS ÊTRE SEULS ?

AU TÉLÉPHONE, C'EST UN PEU DÉLICAT... LE MONDE ENTIER A LES YEUX FIXÉS SUR TOI, ET TON PORTABLE EST PEUT-ÊTRE SUR ÉCOUTE. JE DOIS TE PARLER DE VIVE VOIX.

TES GARDES DU CORPS N'ENTRERONT PAS DANS LA CHAMBRE, N'EST-CE PAS ? JE SUIS SÛR QUE TU PEUX LEUR DIRE DE NE PAS FOUILLER CEUX AVEC QUI TU AS ENVIE DE PARLER.

NON. JE VAIS RÉSERVER UNE CHAMBRE D'HÔTEL, TU N'AURAS QU'À T'Y RENDRE.

EST-CE QUE CELA TE DÉRANGERAIT SI J'ALLAIS CHEZ TOI ?

MAIS... DANS MA SITUATION ACTUELLE, OÙ QUE J'AILL JE SUIS SUIVI PAR DE NOMBREUX GARDES DU CORPS...

OUI, TRÈS BIEN. QUAND POUVONS-NOUS NOUS VOIR ?

JE LES FERAI ATTENDRE DERRIÈRE LA PORTE ET JE REPARTIRAI LA PREMIÈRE. ÇA TE VA ?

EN EFFET... ILS NE PEUVENT PAS S'OPPOSER À CE QUE JE LEUR DEMANDE, ET J'AI TOUJOURS UN MINIMUM DE VIE PRIVÉE.

CE SOIR...

...

TRÈS BIEN. ALORS, JE VAIS RÉSERVER UNE CHAMBRE POUR CE SOIR, PUIS JE TE RAPPELLERAI.

Bip

POUR LE MOMENT, JE NE PEUX PAS TROP M'ÉLOIGNE DES BUREAUX D NHN AFIN D'ÊTR EN MESURE DE RECEVOIR LES MESSAGES DE KIRA EN TOUTE CIRCONSTANCE. IL FAUDRAIT QUI CE SOIT PRÈS DES BUREAUX... ET LE SOIR, JE RISQUE MOINS DE RECEVOIR DES MESSAGES...

MISA AMANE... ON DIRAIT BIEN QU'ELLE RENTRE AU JAPON...

MATT NE M'A PAS APPELÉ POUR ME DIRE QUE MOGI ÉTAIT SORTI...

MOGI...!?

MERDE, IL M'A EU ! ILS ONT DÛ PAYER LES GENS QUI LEUR ONT LIVRÉ LA NOURRITURE HIER POUR S'EN ALLER AVEC TOUT LEUR MATÉRIEL !

QU'EST-CE QUE TU FICHES, MATT ? MOGI SE TROUVE À L'AÉROPORT DE LOS ANGELES !

BIP BIP BIP

TCHAK ! !!0

154

J'AI FAIT SURVEILLER CONSTAMMENT TOUTES LES ISSUES AVEC LES CAMÉRAS, MAIS LES PORTES DU CAMION GÊNAIENT LA VUE... ILS M'ONT EU...

TOUT À L'HEURE, J'AI INTERROG LE LIVREUR HABITUEL QUAND IL SORTAIT DE L'IMMEUBLE - IL COMPTAIT BÊATEMENT UNE LIASSE DE BILLETS - MAIS IL N'Y AVAIT PLUS PERSONNE DANS L'APPARTEMEN IL IGNORAIT MÊME COMBIE DE PERSONNE AVAIENT HABITÉ LÀ.

C'EST POUR ÇA QUE JE T'AVAIS DIT DE FAIRE BIEN ATTENTION !

MATT, JE VAIS SUIVRE MOGI AU JAPON. TOI AUSSI, REJOINS-MOI.

LE JAPON...!? TU ES SÉRIEUX ?

GÉNIAL !

IL FAUT ENCORE QUE MOGI REVIENNE ICI, APRÈS AVOIR RACCOMPAGNÉ MISA, ET QU'IL FASSE ATTENTION À NE PAS ÊTRE SUIVI...

AVEC TOUS NOS DÉPLACEMENTS, ON COMMENCE À SAVOIR S'Y PRENDRE !

NOUS SOMMES À PEINE REVENUS AU JAPON QUE LE JOUR MÊME, LE Q.G. EST DÉJÀ OPÉRATIONNEL !

ET CE N'EST PAS TOUT, MATSUDA ! LIGHT A DÉJÀ UN RENDEZ-VOUS AVEC TAKADA CE SOIR !

QUOI !? CE SOIR ! SACRÉ LIGHT !

...

TOUT S'EST BIEN PASSÉ. SI NOUS DÉCOUVRONS COMMENT ELLE COMMUNIQUE AVEC KIRA, NOUS POURRONS PEUT-ÊTRE REMONTER JUSQU'À LUI.

JE SAIS, AIZAWA. DE TOUTE FAÇON, J'ARRIVERAI À L'HÔTEL AVANT ELLE, ALORS JE DEMANDERAI À L'UN DE VOUS DE VENIR AVEC MOI POUR INSTALLER LES MICROS ET LES CAMÉRAS. AINSI, VOUS POURREZ NON SEULEMENT ME SURVEILLER, MAIS AUSSI VOIR COMMENT SE DÉROULE L'ENTRETIEN.

LIGHT, COMME JE TE L'AI DIT AVANT NOTRE RETOUR AU JAPON.

OUI.

ON LE SAIT BIEN, LIGHT.

COMME JE VOUS L'AI DIT, C'EST UNE ADORATRICE DE KIRA, ET POUR GAGNER SA CONFIANCE, JE PARLERAI COMME SI MOI AUSSI, J'ÉTAIS DU CÔTÉ DE KIRA. BIEN SÛR, JE FERAI SEULEMENT SEMBLANT...

MAIS IL Y A UNE CHOSE...

BIEN. JE SUIS DÉSOLÉ, MAIS IL FAL LE FAIRE.

Bip

OUI !

C'EST VRAI. REGARDONS LES NOUVELLES.

ATTENDS, LIGHT ! IL EST PRESQUE 6 HEURES. TU PEUX REGARDER LES NOUVELLES PRÉSENTÉES PAR TAKKI, PUIS TERMINER LES PRÉPARATIFS DE LA CHAMBRE AVANT LES NOUVELLES DE 9 HEURES.

ALORS JE VAIS RÉSERVE UNE CHAMBR D'HÔTEL

TOUS LES MESSAGES DE KIRA QUE JE VOUS AI TRANSMIS JUSQU'À PRÉSENT AINSI QUE TOUS CEUX QUE JE VOUS TRANSMETTRAI DANS LE FUTUR CONSTITUERONT LA LOI QUI RÉGLEMENTERA LE MONDE.

BONSOIR ! JE SUIS KIYOMI TAKADA ET JE VOUS PRÉSENTE "NEWS 6".

APPAREMMENT, L'ÉMISSION DÉBUTE TOUJOURS PAR CETTE PHRASE.

EN PLUS DE CEUX DONT JE JUGE L'EXISTENCE NUISIBLE...

...!

MAIS CE QUI ME PRÉOCCUPE, C'EST QUE TU TUES AUSSI DES GENS QUI ONT COMMIS DES CRIMES SANS INTENTION DE NUIRE... MAIS JE VAIS CONTINUER À TE CONFIER LE RÔLE DE KIRA, PARCE QUE JE VEUX D'ABORD RÉUSSIR À FAIRE FAIRE TOUT CE QUE JE VEUX PAR TAKADA.

MIKAMI... TU AS TUÉ LES CRIMINELS À UN RYTHME INCROYABLE... TU FAIS DU BON TRAVAIL !

C'EST VRAI, LES PARESSEUX QUI NE CHERCHENT PAS À S'INTÉGRER DANS LE MONDE DU TRAVAIL ONT UNE MAUVAISE INFLUENCE SUR LA SOCIÉTÉ, MAIS... TU VAS TROP LOIN, MIKAMI, IL EST ENCORE TROP TÔT...

... JE NE TOLÉRERAI PAS CEUX QUI SONT NANTIS DE FACULTÉS QU'ILS N'UTILISENT PAS AU PROFIT DE LA SOCIÉTÉ ET DONT L'EXISTENCE EST INUTILE.

C'EST SÉRIEUX ? KIRA VEUT PEUT-ÊTRE SEULEMENT NOUS MENACER...

QUOI...? IL VEUT AUSSI TUER LES PARESSEUX...?

MAIS, SI KIRA RÉUSSIT, IL SERA VRAIMENT UN DIEU...

UN DIEU, OUI... KIRA SERA UN DIEU...

JE PEUX COMPRENDRE QUE LES GENS NE DOIVENT PAS SE LAISSER ALLER, MAIS C'EST UN IDÉAL IMPOSSIBLE À METTRE EN PRATIQUE.

MATSUDA, VOYONS ! KIRA AGIT JUSTEMENT POUR FORCER LE MONDE À DEVENIR CET IDÉAL !

ALLEZ ! PRÉPARONS-NOUS POUR CE SOIR.

OUI !

TU M'ENTENDS, MATSUDA ?

OUI !

C-RD.

BON, JE RENTRE, LIGHT.

LES NOUVELLES DE 9 HEURES VIENNENT DE SE TERMINER : VOUS ÊTES DANS LES TEMPS.

LE SON ET L'IMAGE SONT O.K. ET, D'APRÈS CE QUE JE VOIS, IL N'Y A PAS D'ANGLES MORTS.

BIP

BIP

C'EST MOI. JE SUIS À L'HÔTEL TEITÔ, CHAMBRE 2501.

Bip Bip Bip

EKISTV

BROUHAHA

VOUS AVEZ BIEN TRAVAILLÉ, MADE-MOISELLE TAKADA !

SHAA

JE VAIS À L'HÔTEL TEITÔ VOIR UN AMI. MON ESCORTE S'ARRÊTERA DEVANT LA PORTE.

JE PENSE QUE VOUS LE SAVEZ, MAIS JE NE TOLÉRERAI PAS QUE L'ON ENQUÊTE SUR CET AMI.

BIEN, MADE-MOISELLE TAKADA !

TAKADA...
TU M'AS
MANQUÉ.

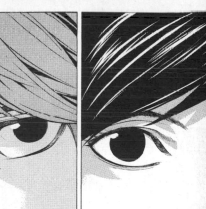

EUH
!?

PARDON... ÇA M'A ÉCHAPPÉ. ASSIEDS-TOI, JE T'EN PRIE.

JE VEUX QUE TU LANCES UN APPEL À KIRA À LA TÉLÉVISION. DEMANDE-LUI CE QUE LA POLICE DOIT FAIRE ET COMMENT IL VEUT QU'ELLE COLLABORE AVEC LUI.

TU ES TRÈS OCCUPÉE, MAINTENANT. C'EST POURQUOI JE VAIS TE PARLER SANS DÉTOUR.

ET C'EST POUR CELA QUE JE VEUX FAIRE CE QUI EST JUSTE POUR LE NOUVEAU MONDE QUI EST EN TRAIN DE SE CONS-TRUIRE.

QUAND J'ÉTAIS ÉTUDIANT, JE PENSAIS QU'IL FALLAIT CAPTURER KIRA. MAIS LE MONDE S'EST TELLEMENT AMÉLIORÉ... IL AVAIT RAISON.

DE PLUS, CELA ME FOURNIT UN BON PRÉTEXTE POUR TE REVOIR, KIYOMI.

À LA POLICE, ON PENSE QUE NON SEULEMENT IL NE FAUT PAS S'OPPOSER À KIRA, MAIS QU'IL FAUT COLLABORER AVEC LUI.

ET PUIS, TU N'ES PAS DU GENRE À TE CONTENTER DE TRANSMETTRE LA PAROLE DE KIRA AU MONDE. EN TANT QUE JOURNALISTE, TU DEVRAIS POSER DES QUESTIONS À KIRA PAR LA TÉLÉVISION ET LUI TRANSMETTRE LES DEMANDES DES GENS.

LIGHT...

C'EST VRAI... TRÈS BIEN...

NON, RIEN...

QUOI ?

IDE...

C'EST EXACTEMENT CE QU'A DIT LIGHT.

ÇA S'EST BIEN PASSÉ ! MAINTENANT, NOUS POURRONS METTRE TAKKI EN CONTACT AVEC KIRA PLUS SOUVENT, PUIS DÉCOUVRIR COMMENT ILS FONT POUR SE CONTACTER, ET ENFIN, REMONTER JUSQU'À LUI. ET NOUS RÉUSSIRONS PEUT-ÊTRE MÊME À PARLER DIRECTEMENT À KIRA...

QU'EST-CE QUI SE PASSE ? ILS ONT FINI DE PARLER, MAIS ILS SE REGARDENT SANS RIEN DIRE...

JE LE SAIS BIEN QUE ÇA FAIT LONGTEMPS ET QU'ILS SONT DANS UNE SUITE, MAIS OÙ EST LE RAPPORT ?

ÉCOUTE. DEUX PERSONNES QUI SORTAIENT ENSEMBLE QUAND ELLES ÉTAIENT À L'UNIVERSITÉ SE REVOIENT BIEN LONGTEMPS APRÈS, DANS UNE SUITE, EN PLUS !

IDE... C'EST VRAIMENT SANS ESPOIR...

COMMENT ? TU RECOMMENCES ? ET TOI, QU'EST-CE QUE TU Y COMPRENDS, HEIN ?

IDE, TOI QUI N'AS JAMAIS VÉC D'HISTOIRE D'AMOUR, TU NE PEUX PAS COMPRENDR

EUH... EH BIEN...

MATSUDA... TU VEUX DIRE QU'IL N'Y A PLUS D'ESPOIR POUR MOI EN MATIÈRE D'AMOUR ?

TAISEZ-VOU TOUS LES DEUX !

OUI. MERCI D'ÊTRE VENUE JUSQU'ICI.

BON... JE VAIS RENTRER.

?

TAKADA...

MERCI.

EST-CE QU'ON PEUT SE REVOIR DEMAIN ?

EUH...

J'AI L'IMPRESSION QUE LE FAIT QUE TAKADA TOMBE AMOUREUSE DE MOI N'EST PLUS QU'UNE QUESTION DE TEMPS. AINSI, JE POURRAI FACILEMENT COMMUNIQUER AVEC MIKAMI À L'INSU D'AIZAWA ET DES AUTRES...

EUH... YAGAMI...?

JE NE PENSAIS PAS À ÇA.

...

MÊME SI JE LANCE UN APPEL À KIRA DEMAIN, JE NE SUIS PAS SÛRE QU'IL ME RÉPONDRA IMMÉDIATEMENT ...

HM ? JE NE COMPRENDS PAS...

ÉCOUTE ! COMME LIGHT ESSAIE DE SE RAPPROCHER DE TAKKI, SON PLAN EST DE...

TAIS-TOI DONC ! TU BRISES L'AMBIANCE QUE LIGHT A CRÉÉE...

HM ? UN PLAN ? LEQUEL ?

HA HA HA ... IL N'Y A QUE LIGHT QUI SOIT CAPABLE DE MENER CE PLAN À BIEN...

...

DEATH NOTE
How to use it
Lv III

° By manipulating the death of a human that has influence over another human's life, that human's original life span can sometimes be lengthened.

Si on manipule la mort d'un humain qui a une influence sur la mort d'un autre humain, la durée de vie de ce dernier peut parfois s'en trouver prolongée.

° If a god of death intentionally does the above manipulation to effectively lengthen a human's life span, the god of death will die, but even if a human does the same, the human will not die.

Si un dieu de la Mort procède à cette manipulation dans le but de prolonger la durée de vie d'un humain, il mourra, mais si c'est un humain qui le fait, il ne mourra pas.

LE CAS ÉCHÉANT, KIRA PUNIRA DES GENS AYANT DÉJÀ ÉTÉ CONDAMNÉS EN FONCTION DU CRIME QU'ILS ONT COMMIS.

MAINTENANT, KIRA TUE MÊME CEUX QUI ONT COMMIS DES CRIMES MINEURS, ALORS, DANS LE MÊME ORDRE D'IDÉES, IL VEUT TUER CEUX QUI ONT COMMIS DES CRIMES MAJEURS DANS LE PASSÉ...

DÉJÀ CONDAMNÉS ALORS, IL NE TOLÈRE PAS LES CRIMES QUI ONT ÉTÉ COMMIS DANS LE PASSÉ...

PAGE 88. CONVERSATION

TU FAIS FAUSSE ROUTE, MIKAMI. KIRA EXISTE POUR EMPÊCHER LES GENS DE COMMETTRE DES CRIMES EN TUANT CEUX QUI ONT DÉJÀ EXPIÉ LEURS CRIMES, TU VAS FAIRE NAÎTRE LA PEUR MIKAMI, TU NE TOLÈRES AUCUN CRIMINEL, VOILÀ TOUT...

QU'EST-CE QUE ÇA DONNE, MATSUDA ?

AUJOURD'HUI NON PLUS, IL N'Y A AUCUN PROBLÈME AVEC L'IMAGE ET LE SON.

EUH... VOILÀ.

QU'EST-CE QU'IL Y A, LIGHT ? TU N'AS PAS L'AIR EN FORME...

CE N'EST RIEN...

TAKADA, J'EN FAIS MON AFFAIRE. MON OBJECTIF EST DE SAVOIR À QUEL POINT MIKAMI EST INTELLIGENT.

L'ÉCART ENTRE NOS CONCEPTIONS S'EST RÉVÉLÉ PLUS VITE QUE JE LE CROYAIS. JE DOIS ENTRER EN CONTACT AVEC MIKAMI LE PLUS TÔT POSSIBLE POUR RÉAJUSTER SA LIGNE DE CONDUITE.

MAIS IL N'Y A PAS D'AUTRE FAÇON D'Y ARRIVER POUR LE MOMENT, C'EST UN FAIT. SI NOUS NE METTONS PAS RAPIDEMENT LA MAIN SUR KIRA, TAKADA SE FERA PROBABLEMENT TUER UNE FOIS QU'IL N'AURA PLUS BESOIN D'ELLE. COMME ANCIEN CAMARADE, ENFIN, COMME AMI, JE VEUX LA SAUVER.

...

JE SAIS QUE NOUS FAISONS CELA POUR CAPTURER KIRA, MAIS JE N'AIME PAS DEVOIR JOUER LA COMÉDIE AVEC TAKADA.

À PARTIR D'AUJOUR-D'HUI...

ALORS, INUTILE DE T TOURMENTE CONCENTRE-T SUR LA FAÇO DE CAPTURE KIRA, POUR ELLE ET POUR LE MONDE.

OUI... C'EST VRAI.

OUI... ET AUSSI POUR MON PÈRE...

EN EFFET, JE PENSE QU'EN ÉCHANGEANT DES IDÉES AVEC KIRA, JE POURRAI VOUS PRÉSENTER DES INFORMATIONS PLUS COMPLÈTES.

HÉ ! TAKKI SE COMPORTE EXACTEMENT COMME LIGHT L'AVAIT DIT !

... JE VOUS PRÉSENTERAI DES AVIS ET DES DEMANDES ÉMANANT DE TÉLÉSPECTATEURS ET JE VOUS EXPOSERAI SUCCINCTEMENT MES OPINIONS SUR CERTAINS SUJETS.

NOMBREUX SONT LES PAYS ET LES ENTREPRISES QUI PROCLAMENT QU'ILS SOUTIENNENT KIRA DÉSORMAIS...

ÇA LUI RESSEMBLE BIEN DE DIRE ÇA !

"ÉCHANGER DES IDÉES AVEC KIRA"...

1012
Mika

COMPREND-ELLE CE QU'ELLE RISQUE EN MONTRANT SON VISAGE ET EN DONNANT SON AVIS À KIRA ? QUELLE SOTTE...

... MAIS CE SOUTIEN DONT ILS PARLENT N'EST QU'UN DISCOURS CREUX, ET NOUS IGNORONS DE QUELLE FAÇON ILS COLLABORENT AVEC KIRA OU COMPTENT COLLABORER AVEC LUI.

CETTE RENCONTRE EST-ELLE LIÉE À CE QUI SE PASSE MAINTENANT ?

D'APRÈS LES RAPPORTS DE RESTER, TAKADA A EU UN ENTRETIEN CONFIDENTIEL AVEC QUELQU'UN HIER SOIR...

172

LE MONDE S'INCLINE MAINTENANT DEVANT KIRA, C'EST VRAI... MAIS ELLE PREND UN PEU TROP SON PARTI.

C'EST BIZARRE... JUSQU'À PRÉSENT, KIYOMI TAKADA A TOUJOURS FAIT PREUVE DE NEUTRALITÉ EN TANT QUE PRÉSENTATRICE...

JE SOUHAITERAIS VIVEMENT CONNAÎTRE L'OPINION DE KIRA À CE SUJET ET...

JE PENSE QUE POUR CRÉER LE PLUS VITE POSSIBLE UN MONDE MEILLEUR, KIRA DEVRAIT DONNER SES INSTRUCTIONS À LA POLICE ET À L'ARMÉE DE CHAQUE PAYS AFIN QU'ELLES SACHENT COMMENT AGIR.

CETTE SUGGESTION VIENT-ELLE VRAIMENT DE TAKADA, OU ALORS... ?

"DES INSTRUCTIONS À LA POLICE" ?

LA SEULE PERSONNE QUI PUISSE DONNER DES ORDRES À TAKADA, C'EST... MAIS C'EST IMPOSSIBLE.

QUELQU'UN DE HAUT PLACÉ EXERCE-T-IL UNE PRESSION SUR ELLE ? NON, PERSONNE À NHN, ET MÊME DANS LE GOUVERNEMENT JAPONAIS, N'AURAIT LE COURAGE DE LE FAIRE... S'OPPOSER À TAKADA SIGNIFIE LA MORT...

MAIS...

?

RESTER... TROUVEZ AVEC QUI TAKADA AVAIT RENDEZ-VOUS HIER SOIR. À N'IMPORTE QUEL PRIX.

TCHK

IL N'Y A AUCUN MOYEN D'INTERCEPTER LES CONVERSATIONS SUR SON PORTABLE, ET ELLE EST MIEUX PROTÉGÉE QUE LE PRÉSIDENT DES ÉTATS-UNIS !

UN REPORTER QUI A VOULU FAIRE DES RECHERCHES SUR SON RENDEZ-VOUS D'HIER SOIR S'EST FAIT PRENDRE PAR LES GARDES. AUX NOUVELLES DE 6 HEURES, ON DISAIT QU'IL AVAIT COMMIS UNE EFFRACTION, ET AUX NOUVELLES DE 9 HEURES, KIRA L'AVAIT TUÉ...

KIYOMI TAKADA EST TRÈS BIEN PROTÉGÉE, ET IL N'EST PAS FACILE DE L'APPROCHER. JE NE PENSAIS PAS QUE CE SERAIT SI COMPLIQUÉ...

GEVANNI ET LIDNER DOIVENT BIENTÔT ARRIVER AU JAPON. ESSAYEZ DE VOUS RAPPROCHER LE PLUS POSSIBLE DE TAKADA.

E VAIS FAIRE 'E MON MIEUX...

SES GARDES SONT DES GENS QUI ONT PARTICIPÉ PLUSIEURS FOIS À DES ÉMISSIONS CONSACRÉES À KIRA, ET LEUR PASSÉ NE COMPORTE AUCUNE ZONE D'OMBRE. IL EST VRAIMENT DIFFICILE DE S'INTRODUIRE DANS LE BÂTIMENT.

VOUS AVEZ BIEN TRAVAILLÉ, MADE-MOISELLE TAKADA.

Bip Bip

news 9

FIN

news 9

FIN

ELLE NE VEUT PAS PERDRE UNE SECONDE POUR LE RETROUVER, IDE.

À L'HÔTEL PERINE, CHAMBRE 1311.

IL EST RAPIDE !

C'EST MOI. OÙ PUIS-JE TE VOIR ?

Bip Bip Bip

TAKADA... TOUT SEMBLE BIEN SE DÉROULER... JE PEUX SANS DOUTE LUI DEMANDER N'IMPORTE QUOI MAINTENANT...

LIGHT, JE VAIS AU Q.G.

D'AC-CORD.

OUI, MADE-MOISELLE TAKADA !

CE SOIR AUSSI, JE VAIS RENCONTRER UN AMI. FAITES EXACTEMENT COMME HIER.

SI C'EST COMME ÇA, LA SEULE SOLUTION EST QUE VOUS DEVENIEZ L'UN DE SES GARDES DU CORPS ET QU'ELLE VOUS AUTORISE À LA SUIVRE...

JE VAIS FAIRE DE MON MIEUX...

ALORS, IL NE PEUT MÊME PAS ME DIRE DANS QUELLE CHAMBRE ELLE SE TROUVE...

NEAR, TAKADA EST ALLÉE À L'HÔTEL PERINE. PERSONNE NE PEUT ENTRER DANS L'HÔTEL OU EN SORTIR JUSQU'À CE QU'ELLE SOIT RESSORTIE, À PART LES PERSONNES QUI RECEVRONT SON AUTORISATION.

BAM

OUI. MAIS D'ABORD, JE VEUX TE REMERCIER D'ÊTRE VENUE JUSQU'ICI.

LIGHT... EST-CE QUE C'ÉTAIT BIEN ?

HUM...

PAS DU TOUT, VU L'AMBIANCE D'HIER SOIR...

VOUS NE TROUVEZ PAS QUE C'EST UN PEU RAPIDE POUR LA PRENDRE DANS SES BRAS ?

POURQUOI TU PERDS LES PÉDALES, IDE ?

OUAH...! ON NE VA PAS REGARDER ÇA ! COUPEZ LES CAMÉRAS !

PAS DE PROBLÈME. JE SAIS QUE TU ES QUELQU'UN DE TRÈS OCCUPÉ.

EXCUSE-MOI...

Bip Bip Bip

IDE, TU NE CONNAIS L'AMOUR QUE PAR LE CINÉMA, N'EST-CE PAS ?

OH ! C'EST COMME ÇA QUE ÇA DOIT ÊTRE, L'AMOUR !

NON ?! MIKAMI APPELLE DIRECTEMENT TAKADA ?

C'EST KIRA. ALLUME LA TÉLÉ ET METS SAKURA TV.

ELLE VIENT DE DIRE "KIRA" !

KIRA !?

METS SAKURA TV !

PAS POSSIBLE...

NOUS DEVONS POUSSER KIRA À QUITTER NHN POUR QU'IL REVIENNE À SAKURA TV, LA CHAÎNE QUI, LA PREMIÈRE, A TRANSMIS SES MESSAGES !

LE PRÉSENTATEUR IDIOT QUI EST MAINTENANT À L'ÉCRAN VA MOURIR DANS 40 SECONDES.

AH...

GRR... # GRR #

KSH

VLAM

IL EST MORT...! MINCE, C'EST LE VRAI KIRA !

MAIS... C'EST KIRA QUI L'APPELLE ...?

UN AMI ? DANS UNE CHAMBRE D'HÔTEL...!

OÙ ES-TU EN CE MOMENT ? RÉPONDS-MOI...!

JE... JE SUIS DANS UNE CHAMBRE D'HÔTEL AVEC UN AMI...

WAAH !

WAAH !

TU TE TROUVES AU SIÈGE DE NHN MAINTENANT ?

NON.

SI ÇA CONTINUE, YAGAMI RISQUE DE...

JE VEUX SAVOIR SI CELUI QUI EST AVEC TOI T'A POUSSÉE À EXPRIMER TON OPINION À KIRA.

POUSSÉE À PARLER

À DEUX DANS UNE CHAMBRE D'HÔTEL... EST-CE CETTE PERSONNE QUI T'A POUSSÉE À PARLER COMME TU L'AS FAIT ?

OUI, CET AMI M'A DONNÉ QUELQUES CONSEILS... ET J'AI DÉCIDÉ DE LES SUIVRE.

DIS-MOI LA VÉRITÉ. SI TU NE ME RÉPONDS PAS, JE VOUS TUERAI, TON AMI ET TOI.

MIKAMI... QU'EST-CE QUE TU VAS FAIRE...?

IL VEUT TE PARLER.

PASSE-LE-MOI !

EST-CE POSSIBLE ...?

ALLÔ...?

SI KIRA SE REND COMPTE QUE LIGHT A UNE ENTREVUE SECRÈTE AVEC TAKKI, LIGHT NE S'EN TIRERA PAS, AUSSI BRILLANT SOIT-IL...

LIGHT A PRIS LE TÉLÉPHONE JE N'AIME PAS ÇA...

DIEU !! KIRA...!

OUI.

OUF !!

ÊTES-VOUS DIEU ?

LE 26 NOVEMBRE EST LA DATE DU CACHET DE LA POSTE SUR L'ENVELOPPE CONTENANT LE CAHIER QUE KIRA LUI A ENVOYÉ. ET IL Y AVAIT 5 FEUILLES PORTANT LES INSTRUCTIONS DE KIRA.

Yoshi Baoo

LE 26 NOVEMBRE ? CINQ FEUILLES ? QUE VOULEZ-VOUS DIRE ?

JE VAIS RÉPONDRE EN FAISANT SEMBLANT DE NE PAS COMPRENDRE CE QU'IL ME DIT...

EXCUSEZ MON IMPOLITESSE, MAIS POUVEZ-VOUS ME LE PROUVER ?

EST-CE QUE JE PENSAIS...

MAIS DIEU CONNAÎT MON NOM ET MON ADRESSE. LA RAISON POUR LAQUELLE IL A RECOURS À CE STRATAGÈME...

C'EST DIEU ! JE LUI PARLE ENFIN !!!

TAK TAK TAK

MIKAMI, JE NE ME SUIS PAS TROMPÉ EN TE CHOISISSANT !

EN EFFET.

!

DIEU N'EST PAS LIBRE D'AGIR COMME IL LE SOUHAITE POUR LE MOMENT...

MIKAMI...

EST-CE QUE TU COMPRENDS ?

BIEN ! JE N'ESPÉRAIS PAS QUE TU SOIS SI INTELLIGENT ! EN PLUS, TU AS CHOISI LE BON MOMENT POUR M'APPELER, LA CHANCE AUSSI TE SOURIT !

OUI, JE SUIS UN AMI DE MADEMOISELLE TAKADA. RIEN DE PLUS, JE VOUS ASSURE.

C'EST EXACT.

ON VOUS SURVEILLE EN CE MOMENT AUSSI, N'EST-CE PAS ?

... JE FERAI TOUT CE QUE VOUS M'ORDONNEREZ, SEIGNEUR.

EH BIEN...

LIGHT EST TOUT PÂLE... TOUT EST PEUT-ÊTRE PERDU...

OUI... OUI... C'EST ÇA.

SI SEULEMENT ON POUVAIT SAVOIR DE QUOI ILS PARLENT !

Kira se trouve sûrement à proximité. Il demande que vos gardes inspectent la chambre pour s'assurer qu'il n'y a pas de micros dissimulés. Je suis obligé de les retirer avant qu'ils n'inspectent la chambre.

! ....!

ON NE POURRAIT PAS EN LAISSER UN SANS QUE ÇA SE VOIE ?

VOUS PENSEZ QUE TAKKÎ ET LIGHT VONT S'EN TIRER ?

ON N'A PAS LE CHOIX...

NON. SI ON FAIT ÇA, ILS SE FERONT TUER À COUP SÛR.

DES MICROS... MAIS COMMENT

NON. CALME-TOI...

TU T'ES SERVI DE MOI POUR CAPTURER KIRA...!?

C'EST MONS- TRUEUX...

MAINTENANT, LE Q.G. NE POURRA PLUS ÉCOUTER NOS CONVER- SATIONS.

ÉCOUTE... KIYOMI... KIRA, C'EST MOI.

OUI. JE SUIS KIRA, UN POINT C'EST TOUT.

KIRA...

YAGAMI EST KIRA...!

?!

JE REMERCIE LE CIEL DE POUVOIR AINSI PARLER AVEC DIEU.

JE COMPRENDS.

ÉCOUTEZ, JE NE VOUS PERMETS PAS DE DEMANDER À KIYOMI QUI JE SUIS.

COMMENT AVEZ-VOUS FAIT POUR ENVOYER VOS MESSAGES À NHN JUSQU'À PRÉSENT ?

DORÉNAVANT, JE REMETTRAI À KIYOMI UNE NOTE AVEC MES INSTRUCTIONS DE FAÇON À NE PAS ME FAIRE REMARQUER.

JE SUPPOSE QUE VOUS LE SAVEZ, MAIS POUR LE MOMENT, JE SUIS SOUS LA SURVEILLANC DE CEUX QUI ESSAIAIENT D'ATTRAPER KIRA. MALHEU-REUSEMENT, JE NE PEUX PAS ENCORE LES TUER.

TRÈS BIEN.

LE PORTABLE DE KIYOMI EST SÛR, ALORS ELLE VOUS TRANSMETTRA MES INSTRUCTIONS PAR TÉLÉPHONE. SI VOUS AVEZ LE MOINDRE PROBLÈME, PARLEZ-EN À KIYOMI : ELLE ME TRANSMETTRA VOTRE MESSAGE.

BIEN ! AINSI, ON POURRA DIFFICILEMENT REMONTER JUSQU'À KIRA. CONTINUEZ À ENVOYER VOS MESSAGES DE CETTE FAÇON.

JE LES ENVOYAIS À L'ADRESSE E-MAIL DU DIRECTEUR DE NHN EN PASSANT PAR PLUSIEURS PAYS DIFFÉRENTS DE SORTE QU'ON NE PUISSE PAS SAVOIR D'OÙ ILS ÉTAIENT ENVOYÉS.

TU ES VRAIMENT INCROYABLE...

KIYOMI... TU AS COMPRIS, DANS L'ENSEMBLE ? JE SUIS KIRA, ET CELUI QUI T'APPELLE EST L'HOMME À QUI J'AI CONFÉRÉ UNE PARTIE DE MES POUVOIRS.

Bip

JE TE REMERCIE POUR L'AIDE QUE TU M'APPORTES DANS LA CONSTRUCTION D'UN MONDE NOUVEAU.

ENSEMBLE, NOUS BÂTIRONS CE MONDE EMPLI DE GENS AU CŒUR BON DONT TU ME PARLAIS À L'UNIVERSITÉ.

ALORS, MAINTENANT QUE JE SAIS QUE TU ES KIRA... ÇA DÉPASSE TOUT CE QUE JE POUVAIS IMAGINER...

DE TOUTE MA VIE, TU ES LE SEUL HOMME QUE J'AI RESPECTÉ PROFONDÉMENT.

LIGHT...

JE SERAI LE DIEU DE CE NOUVEAU MONDE ET TU SERAS SA DÉESSE.

OUI, ELLE A DIT À KIRA QUE J'ÉTAIS UN DE SES ADORATEURS ET QUE NOUS SORTIONS ENSEMBLE. ELLE M'A TIRÉ D'UN MAUVAIS PAS !

LIGHT ! TOUT VA BIEN ?

WAH ! C'EST LIGHT !

Bip Bip Bip

MAIS J'AI ENTENDU QUE LES MESSAGES DE KIRA ÉTAIENT ENVOYÉS PAR E-MAIL À L'UN DE SES SUPÉRIEURS. NOUS POURRIONS PARTIR DE LÀ POUR FAIRE DES RECHERCHES...

DÉCIDÉMENT, TU ES DOUÉ, YAGAMI !

ELLE EST AUTORISÉE À DONNER SON AVIS À KIRA, MAIS CELUI-CI NE VA SANS DOUTE PLUS L'APPELER PENDANT QUELQUE TEMPS. ELLE DEVRA UNIQUEMENT LIRE LES MESSAGES QU'IL ENVOIE À NHN.

OUI !

BON ! TOUT SE TERMINE BIEN ! JE PENSE QUE NOUS SOMMES BIEN PARTIS !

...

J'AI RÉUSSI À LUI FAIRE CROIRE QUE LA POLICE, QUI COMPTE BIEN COLLABORER AVEC KIRA, SE SERVAIT DE MICROS AFIN DE CONSTITUER DES ARCHIVES.

DORÉNAVANT, JE VAIS SORTIR AVEC ELLE AFIN D'OBTENIR DES INFORMATIONS SUR KIRA.

VOL. 10 — SUPPRESSION — [FIN]

DEA❖H NO❖E
HOW to USE it
LIX

A human death caused by the DEA❖H NO❖E will indirectly
lengthen some other human's original length of life even
without a specific intention to lengthen a particular person's
original life span in the human world.

La mort d'un humain provoquée par un death note peut indirectement
prolonger la durée de vie originelle d'un autre humain, même s'il n'y a
aucune intention manifeste d'allonger la vie de cet humain en
particulier.

en DVD VIDEO

Visuel non contractuel

Existe en édition simple et collector

HOME VIDEO

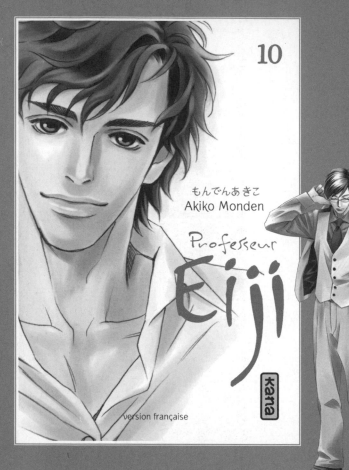

10

もんでんあきこ
Akiko Monden

Professeur

Eiji

KANA

version française

Ce professeur va changer leur vie !

Eiji, ex-reporter, calme et impassible, plonge dans un autre monde :
il va enseigner l'anglais dans un lycée ! Confronté à des collègues
peu enthousiastes et des élèves indisciplinés ou amorphes,
Eiji s'attelle à régler les problèmes existentiels de ses étudiants,
mais ses sentiments à lui, qui s'en occupe ?

www.mangakana.com   BIG KANA – Série finie en 10 tomes

Ce manga est pub... dans son...
de lecture originale, ...

Ici, vous êtes ...

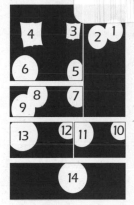

DEATH NOTE

DEATH NOTE © 2003 by Tsugumi Ohba, Takeshi Obata
All rights reserved.
First published in Japan in 2003 by SHUEISHA Inc., Tokyo.
French translation rights in France and French-speaking Belgium, Luxembourg, Switzerland and Canada
arranged by SHUEISHA Inc. through VIZ Media Europe, SARL, France.

© KANA 2008
© KANA (DARGAUD-LOMBARD s.a.) 2011
7, avenue P-H Spaak - 1060 Bruxelles
4e édition

Tous droits de traduction, de reproduction et d'adaptation strictement réservés
pour la France, la Belgique, la Suisse, le Luxembourg et le Québec.

Dépôt légal d/2008/0086/197
ISBN 978-2-5050-0303-8

Conception graphique : Les Travaux d'Hercule
Traduit et adapté en français par Shinya Seto
Adaptation graphique : Eric Montésinos

Imprimé en France par Hérissey/Groupe Qualibris - Evreux